SIXIANGJIA

XINLIXUE CHUANGSHIREN FULUOYIDE

心理学创始人

弗洛伊德

马 贝◎编著

辽海出版社

图书在版编目(CIP)数据

心理学创始人弗洛伊德 / 马贝编著. —沈阳：辽海出版社，2017.6

ISBN 978 - 7 - 5451 - 4173 - 3

Ⅰ. ①心… Ⅱ. ①马… Ⅲ. ①弗洛伊德(Freud,Sigmmund 1856-1939)-传记 Ⅳ. ①B84-065

中国版本图书馆 CIP 数据核字(2017)第 136840 号

责任编辑：孙德军

封面设计：李　奎

出版者：辽海出版社

地　址：沈阳市和平区十一纬路 25 号

邮　编：110003

电　话：024-23284381

E-mail：dszbs@ mail.lnpgc.com.cn

http://www.lhph.com.cn

印刷者：北京一鑫印务有限责任公司

发行者：辽海出版社

幅面尺寸：155mm×220mm

印　张：14

字　数：218 千字

出版时间：2017 年 7 月第 1 版

印刷时间：2017 年 8 月第 1 次印刷

定　价：29.80 元

《世界名人传记文库》编委会

总　序

我们每个人心中都有自己崇拜的名人。这样可以增强我们的自信心和自我认同感，有益于人格的健康发展。名人活在我们的心里，尽管他们生活在不同的时代、不同的国度、说着不同的语言，却伴随着我们的精神世界，遥远而又亲近。

名人是充满力量的榜样，特别是当我们平庸或颓废时，他们的言行就像一触即发的火药，每一次炸响都会让我们卑微的灵魂在粉碎中重生。

名人带给我们更多的是狂喜。当我们迷惘或无助时，他们的高贵品格就如同飘动在高处的旗帜，每次招展都会令我们幡然醒悟，从而畅快淋漓地感受生命的真谛。只要我们把他们视为精神引领者和行为楷模，就会不由自主地追随他们，并深刻感受到精神的强烈震撼。

当我们用最诚挚的心灵和热情追随名人的足迹，就是选择了一个自我提升的最佳途径，并将提升的空间拓展开来。追随意味着发现，发现名人的博大精深，发现时代赋予我们的使命，发现最真实的自我；追随意味着提升，置身于名人精神的荫蔽之下，我们就像藤蔓一般沿着名人硕大粗壮的树干攀援上升，这将极大地缩短我们在黑暗中探索的时间，从而踏上光明的坦途。

不要说这是个崇尚独立思考的年代，如果我们缺乏敬畏精神，那么只能让个性与自由的理念艰难地生长；不要说这是个无法造就伟人的年代，生命价值并不在于平凡或伟大。如果在名人的引领下，读懂平凡世界中属于自己的那本书，就能够成为最好的自己。

名人从芸芸众生中脱颖而出，自有许多特别之处。我们追溯名人成长的历程，虽然每位人物的成长背景都各不相同，但或多或少都具有影响他们人生的重要事件，成为他们人生发展的重要契机，并获得人生的成功。

名人有成功的契机，但他们并非完全靠幸运和机会。机遇只给有准备的人，这是永远的真理。因此，我们不要抱怨没有幸运和机遇，不要怨天尤人，我们要做好思想准备，开始人生的真正行动。这样，才会获得人生的灵感和成功的契机。

我们说的名人当然是指对世界和人类做出突出贡献的伟大人物，他们包括著名的政治家、军事家、发明家、文学家、艺术家、思想家、哲学家、企业家等。滚滚历史长河，阵阵涛声如号，是他们，屹立潮头，掀起时代前进的浪花，浓墨重彩地描绘着人类的文明和无限的未来，不断开创着辉煌的新境界和新梦想，带领我们走向美好的明天。

政治家是指那些在长期政治实践中涌现出来的具有一定政治远见和政治才干、掌握权力，并对社会发展起着重大影响作用的领导人物。军事家是指对军事活动实施正确指引或是擅长具体负责军事行动实施的人，一般包括战略军事家和战术军事家。

政治家、军事家大多充满了文韬武略，能够运筹帷幄，曾经叱咤风云，纵横天地，创造着世界，书写着历史，不断谱写着人类的辉煌篇章，为人们留下了许多宝贵的精神财富和物质财富。

科学发明家是指专门从事科学研究和发明，并做出了杰出贡献的人士。他们从事着探索未知、发现真相、追求真理、改造世界和造福人类的大学问。他们都有献身、求实、严谨和持之以恒的精神，都具有一颗好奇心。从好奇心出发，他们希望探知事物规律，具有希望看到事物本质一面的强烈意识与探索激情。还有就是他们都有恒心，他们在科学研究中不断努力，努力，再努力，锲而不舍，具有永不止步的追求精神。

文学家是指以创作文学作品为自己主要工作的知名人士和学者等。其中，诗人是指诗歌的创作者，小说家指小说创作者，散文家指散文创作者，而文学家则是指在诗歌、小说、散文、戏剧等各种文学体裁领域均取得一定成就的创作者，他们是人类精神财富的创造者。

艺术家是指具有较高审美能力和娴熟创作技巧并从事艺术创作劳动而具有一定成就的艺术工作者。进行艺术作品创作活动的人士，通常指在绘画、表演、雕塑、音乐、书法及舞蹈等艺术领域具有比较高的成就，并具有了一定美学造诣的人。他们是生活中美的发现者和创造者，极大地丰富着我们的生活。

哲学家、思想家是指对客观现实的认识具有独创见解并能自成体系的人士。思想主要是用言语和符号来表达的，而致力于研究思想并且形成思想体系的人就是哲学家、思想家。他们用独到的思想解决生活中遇到的问题，且在此过程中逐渐认识自我与宇宙，以此解决人们思想认识上矛盾迷惑的问题。他们是我们人类灵魂的工程师，塑造着我们的人格，探讨所有人类重要的问题和观念，并创造出一种思考和思想的能力，闪烁着智慧的光芒，照耀着人类前进的步伐，推动着人类思想和精神不断升华，使人类不断摆脱低级状态，不断走向更高境界。人是有思想和精神的高级动物，因此，哲学家和思想家是人类不可或缺的，是我们人类的伟大导师。

企业管理家是最直接创造财富的人。他们创造物质财富，推动社会不断进步，使得人们更加幸福。财富虽然只是一个象征，但它与人们的生活、国家的发展、民族的强盛等息息相关。企业家也创造巨大的精神财富，他们在追求财富过程中所表现出来的创新、冒险、合作、敬业、学习、执著、诚信和服务等精神，是我们每一个人学习的榜样。

我们追踪这些名人成长发展过程中的主要事件，就会发现他们在做好准备进行人生不懈追求的进程中，能够从日常司空见惯的普通小事上，碰撞出思想的火花，化渺小为伟大，化平凡为神奇，从而获得灵感和启发，获得伟大的精神力量，并进行持久的人生追求，去争取获得巨大的成功。

影响名人成长的事件虽然不一样，但他们在一生之中所表现出来的辛勤奋斗和顽强拼搏的精神，则大同小异。正如爱迪生所说："伟大人物最明显的标志，就是他们拥有坚强的意志，不管环境怎样变化，他们的初衷与希望永远不会有丝毫的改变，他们永远会克服一切障碍，达到他们期望的目的。"

爱默生说："所有伟大人物都是从艰苦中脱颖而出的。"因此，伟大人物的成长也具有其平凡性。正如日本著名歌人吉田兼好所说："天下所有伟大人物，起初都是很幼稚且有严重缺点的，但他们遵守规则，重视规律，不自以为是，因此才成为名家并进而获得人们的崇敬。"所以，名人成长也具有其非凡之处，这才是我们应该学习的地方。

英国著名哲学家培根说："用伟大人物的事迹激励青少年，远胜于一切教育。"为此，本套作品荟萃了古今中外各行各业最具有代表性的名人，阅读这些名人的成长故事，探知他们的人生追求，感悟他们的思想力量，会使我们从中受到启迪和教育，让我们更好地把握人生的关键，让我们的人生更加精彩，生命更有意义。

简　介

西格蒙德·弗洛伊德（Sigmund Freud，1856~1939），出生于摩拉维亚，犹太人，奥地利精神病医生及精神分析学家，是世界精神分析学的创始人。

弗洛伊德4岁时举家迁居维也纳。他在中学时代就显示出非凡的才能，成绩一直名列前茅，17岁考入维也纳大学医学院，1876年至1881年在著名生理学家艾内斯特·布吕克的指导下进行研究工作。

弗洛伊德1881年开始私人营业，担任临床神经专科医生，1886年与玛莎·柏纳斯结婚，育有三男三女。

弗洛伊德对精神分析的兴趣是在1884年与布洛伊尔合作期间产生的，他们合作治疗一名名叫安娜的21岁癔症患者，他先从布洛伊尔那里学习了宣泄疗法，后又师从沙考特学习催眠术，继而他提出了自由联想疗法，1897年创立了自我分析法。他一生中对心理学最重大的贡献是对人类无意识过程的揭示，提出了人格结构理论，人类的性本能理论以及心理防御机制理论。

弗洛伊德创立了一个涉及人类心理结构和功能的学说。他的观点不仅在精神病学，也在艺术创造、教育及政治活动等方面得到了广泛的运用。弗洛伊德学说的主要论点对人们有很大的启发，一些已被后人发展并完善。他的学说、治疗技术以及对人类内心隐藏的那一部分的深刻理解，开创了一个全新的心理学研究领域。

著有《性学三论》、《梦的解析》、《图腾与禁忌》、《日常生活精神病理学》、《精神分析引论》、《精神分析引论新编》等。由他所创立的学说，从根本上改变了人类对本性的看法。精神分析学派的创立对心理学做出了很大贡献。

弗洛伊德的著作极大地引起了人们对心理学的兴趣，对他的许多观点在过去和现在都存在着很大的争论，而且自从他提出之日起就引起了热烈的争论。

由于对弗洛伊德的许多学说仍有很大争议，因此很难估计他在历史上的地位。他有创立新学说的杰出成就，是一位先驱者和带路人。但是弗洛伊德的学说与达尔文和巴斯德不同的是，从未赢得过科学界的普遍承认，所以很难说出他的学说中有百分之几最终会被认为是正确的。

尽管对弗洛伊德的学说一直存在着争论，但他仍不愧为人类思想史上的一位极其伟大的人物。他的心理学观点使人们对人类思想的观念发生了彻底的革命，他提出的概念和术语已被普遍使用——例如，本我、自我、超我、恋母情绪和死亡冲动。

大多数心理学家现在已经确信无意识思维过程对人的行为起着一种决定性的作用——一种在弗洛伊德之前被大大低估了的作用。弗洛伊德不是心理学的鼻祖。从长远的观点来看，人们也许会认为他作为心理学家所提出的学说并非十分正确，但是他显然是在现代心理学发展中最有影响、最重要的人物。

在最近几百年的人类历史上，至少有三个犹太人对人类社会的发展做出了划时代的贡献，这三个人就是马克思、爱因斯坦和弗洛伊德。

目　录

生活在犹太家庭

1856年5月6日，在奥地利摩拉维亚的弗莱堡市的一个犹太家庭里，毛织品商人雅各布的妻子阿美丽生下一个男婴。雅各布给新生儿取名为西格蒙德·弗洛伊德，刚出生的小弗洛伊德长着一头长长的黑发，于是小弗洛伊德便得了个“小黑鬼”的绰号。

据说，他母亲生他的时候带出了胎衣。按当时犹太人的说法，这个征兆意味着弗洛伊德的前途将是光明的，必有一番不凡的成就。凑巧的是，这和弗洛伊德最喜欢的小说——狄更斯的《大卫·科波菲尔》的男主角一样，弗洛伊德成年以后，便常常以此自豪。

19世纪的欧洲，各国之间战争不断。歧视、驱逐和迫害犹太人的种族主义此起彼伏。这对于弗洛伊德的犹太家庭来说更是雪上加霜，他们一家从小弗洛伊德3岁起就颠沛流离，辗转于维也纳、弗莱堡等地，寻找能够安身立命的避风港。这种压抑的生活气息养成了小弗洛伊德内向、倔强和坚强的性格。

但是，无论生活怎样的艰辛，小弗洛伊德的父母都尽心呵护、教育子女，给他们创造良好的生活和学习环境，避免他们过早地品味生活的艰难和社会的黑暗。弗洛伊德是家中同父同母兄妹中的长子，他比最小的弟弟亚历山大大 10 岁，他还有 5 个妹妹。母亲对他寄予了很高的期望，希望这个大儿子能在事业上获得成就。一句话，弗洛伊德成了母亲的掌上明珠。

由于母亲的特别宠爱和自身的勤奋好学，弗洛伊德很快就出类拔萃，经常能够对他的妹妹们发表长篇大论。再加上自己是长子，处于最受宠爱的地位，所以他在家里享有很多的权利，而他也很享受这些权利。弗洛伊德是母亲心目中的好儿子，也是弟弟与妹妹的好兄长。家里很多事情都以他的想法为标准，尤其是他以最高的荣誉从中学毕业以后。作为母亲最钟爱的儿子，他在家里的好处相当多。

弗洛伊德后来在他的《自传》里这样写道：

> 如果一个人成为他母亲无可否认的宝贝儿子，那么他一生都会拥有胜利的感觉。对于成功的自信心也一定很坚定，很少不能达到真正的成功。

弗洛伊德在幼年时期，是由一位信奉天主教的保姆服侍的。这位保姆给小弗洛伊德留下很深的印象，以致弗洛伊德在成人后还对她的形象记忆犹新。弗洛伊德在《精神分析学的起源》一书中说，这位天主教教徒保姆长得“难看、年岁较老些，但很聪明”。她教给弗洛伊德“生活和生存的手段”，并使他从小就“对自我能力有足够的认识和估计”。她经常抱着弗洛伊德到教堂去，并给他讲天主教的故事。

弗洛伊德从懂事的时候起就从这位保姆的嘴里听到有关天堂、

地狱和《圣经》里的许多动人的故事。因此，弗洛伊德的妈妈后来也说，弗洛伊德刚刚会说话的时候，就对家里人说到“上帝怎样指导他做事”。弗洛伊德很喜爱这位保姆。她也许是弗洛伊德一生中最初向他提供《圣经》教育的一个人。但这位保姆未能长期与弗洛伊德生活在一起。据说在弗洛伊德两岁半的时候，这位保姆因偷东西而被辞退了。后来，弗洛伊德曾在自己的著述中多次为此事表示遗憾和惋惜。

关于童年生活，弗洛伊德只能回想起几件事情。有一次，弗洛伊德弄脏了一张椅子。弗洛伊德便安慰他母亲说，他长大以后要买一张新椅子来赔偿。弗洛伊德从小就很善良、有志气。他把侵害别人看作是自己的耻辱。

还有一次，他5岁的时候，他父亲给他和他妹妹每人一本关于波斯旅行的书，并纵容他们撕下书中的彩图。显然，他父亲这样做是很不严肃的，尽管它带有游戏的性质，但这是一种令人难以理解的教育儿童的方式。这件事使弗洛伊德产生了逆反心理。从那以后，弗洛伊德反而产生了收集书籍的爱好。

6岁的时候，他记得妈妈告诉他说：“人是由泥土做成的，所以，人必须回到泥土之中。”

弗洛伊德不相信这句话。他母亲为了证明这句话，在他面前用双手擦来擦去，接着，她指着双手擦下的皮屑说：“这就是和泥土一样的东西。”

弗洛伊德不禁吃了一惊。从此以后，他就在自己的耳边经常听到这样的回音：“你必定会死。”

也就是说，母亲所说的“必定要回到泥土里去”的话，给他留下了很深的印象。

弗洛伊德七八岁的时候，在父母的卧室里撒尿。他爸爸为此叹息道：“这孩子一点出息也没有！”这是对弗洛伊德精神上的一次打击。弗洛伊德后来说：“这对我的抱负肯定是很大的打击；所以关于当时的情景的幻影，后来一次又一次地出现在我的梦里。而且，在梦中，它们始终都同我的累累成果联系在一起，好像我想说：‘你看，我已经做出了成果！’”

据弗洛伊德的朋友荣格说，弗洛伊德直至成年还患有遗尿症。所以，他幼年时在父母卧室和自己的床上的遗尿并非他的有意识的行为。他父亲对他的遗尿的两次批评确实给了他沉重的精神打击。而且，弗洛伊德由这件事感到父亲不如母亲那样和蔼。

小弗洛伊德把父母对他智商的疑虑当作是自己的耻辱，他决心刻苦学习，拿出成绩证明给他们看。他很小就阅读各种书籍，并把内容讲给妹妹们听。还不到 10 岁的弗洛伊德已经能够把《圣经》中的很多故事倒背如流了。

受到良好家庭教育

犹太民族非常重视知识，从孩子一岁半开始就对他们进行记忆训练。同时，在孩子刚会说话时就开始教他们读《旧约》，也就是犹太人的《圣经》，孩子到了5岁时就要记住全部《旧约》。这是犹太民族在教育孩子方面不同于其他民族的地方，说明早期教育更有助于儿童记忆力的巩固。弗洛伊德则全盘接受了这种教育。

在10岁以前，弗洛伊德是在家里接受教育的。自从弗洛伊德离开母亲以后，负责对他进行教育的一直是他父亲。他父亲的文化水平很低；他的知识，一部分来自犹太教法典，一部分来自自己的生活经验。这就决定了他知识的有限性和狭隘性。

但弗洛伊德很有天赋，他对父亲教给他的每一种知识都能加以理解，他有很强的分析能力。在这种家庭教育中，弗洛伊德与父亲的关系比以往更深了。如果说，在此之前他们之间只有父子之情，那么，此后他们又增加了师生之情。

父母为了给喜爱学习的弗洛伊德创造条件，特意给他安排了一个小房间。这所小房间里的那个小阁室是比较狭长的，有一扇窗户开向大街，弗洛伊德就在这里住。小阁室里堆满了弗洛伊德买来和借来的书籍。里面还有一张床、书架、书桌和几把椅子。

弗洛伊德除了在这里看书和思考问题外，还经常与自己的同学讨论问题。弗洛伊德看书达到了如痴如醉的地步，经常是自己在小阁室里看书。

当时，这间房子里还没有装上电灯。全家各个房间，一到晚上都点上蜡烛，唯独弗洛伊德的这个小阁室里装上了一盏油灯。这个油灯是弗洛伊德的父母为他创造一个好的学习条件的明证，也体现了父母对他的期望和关怀。弗洛伊德经常点着这盏灯看书到深夜。

父母对弗洛伊德学习的特殊照顾，却给他妹妹带来了不愉快。那是在他妹妹 8 岁的时候，弗洛伊德热爱音乐的妈妈给女儿安娜买来一架钢琴，并让她学弹钢琴。这架钢琴虽然放在离小阁室较远的地方，但琴声仍然干扰了弗洛伊德的学习。

这让弗洛伊德无法忍受，他对母亲提出抗议说："妈妈，如果你明天再不把安娜的钢琴搬走的话，那么我就离家出走！"

父母为了照顾弗洛伊德，到了第二天，果然将钢琴从家里搬走了。这样，弗洛伊德的妹妹就失去了学弹钢琴的机会。

弗洛伊德在成长的过程中，始终受到反犹太主义的威胁。这种环境使弗洛伊德很疑惑，排犹分子野蛮的行径和他平时所接受的、充满道德仁爱的教育形成了鲜明的对比。他看到了现实生活和道德理想的差距，慢慢地形成了坚强的反抗性格。他看不惯这种歧视，内心里燃烧着愤怒的火焰。

有一次，弗洛伊德回忆了他少年时代对于排犹分子的仇恨。

他在《自传》里这样写道：

大约是在我10岁或12岁的时候，我父亲开始带我去散步，并在闲谈中对我表示他对这个世界的看法。在这样的场合，他对我讲了一件事情，借此表明现在的社会比他曾经经历过的那个时代好多了。他说："当我年轻的时候，有一个星期六，我在你的出生地的大街上散步。我穿得很讲究，头上还戴一顶新的皮帽。一位基督徒走到我跟前，并打了我一顿，把我的帽子打在地上。他喊道：'犹太鬼！滚出人行道！'"

我听完后，问道："你当时怎么办？"

他静静地回答说："我走到马路上，并捡起我的帽子。"

这对我来说是一个沉重的打击，我没想到这位高大而健壮的、牵着小孩子的男人竟做出这样毫无骨气的行为。我把这种状况同很合我的口味的另一件事加以对照——那就是汉尼拔的父亲在祭坛前让他的儿子发誓要对罗马人复仇的动人场面。自那以后，汉尼拔……在我的幻想中占据了一个应有的位置。

由此可见，在弗洛伊德幼小的心灵中，早已有了发愤图强的决心。弗洛伊德一方面继承了父亲的善良和乐观性格；另一方面又滋长着他父亲所没有的斗争精神。这种斗争精神和善良德行相结合，使弗洛伊德具备了比较完备的人格，足以应对在艰辛而复杂的岁月里所遭遇的一切挑战。

从学会读书的时候起，弗洛伊德就对学习历史和文学很感兴趣。弗洛伊德能很自然地把历史同现实生活联系在一起，表达出自己对现实生活的态度。他善于从历史事件和历史人物中，抓住自己要学的重点，然后牢牢地记在心中。前面曾经提到他对迦太基名将汉尼拔的崇敬，就是最明显的例证。在他对汉尼拔的态度中，既体现出他对历史人物特质的深刻了解，也表现出他对当代反犹太主义的憎恶，也表达了他个人立志锻炼自己成为改造现实的英雄的坚强决心。

这种对历史的崇高精神的深刻了解，使弗洛伊德从小就能比他的同龄人更敏锐地揭示事物的症结所在。在他的家庭生活中，弗洛伊德的这种异乎寻常的眼光，使他的父母都不得不由衷地感到欣慰。

弗洛伊德的家庭经常召开“家庭会议”。依据犹太教的规定，父亲是当然的“会议主席”。这些“家庭会议”要讨论家中遇到的一切难题和重要事务。家中的每一个成员，包括年幼的、未成年的孩子都要参加，并可以发表意见或举手表决。在这些会上，弗洛伊德往往发表令人信服的意见，以致连他的父母也不得不放弃自己原来的主张，而采纳弗洛伊德的意见。

有一次，“家庭会议”研究给弗洛伊德的小弟弟取什么名字的问题。弗洛伊德主张给这位比他小 10 岁的弟弟取名亚历山大。他解释说，亚历山大大帝是一位见义勇为的英雄。他还向大家滔滔不绝地引述了与此有关的一大段关于亚历山大向马其顿进军的故事。最后，全家人都接受了他的意见，给小弟弟取名亚历山大。

尽管弗洛伊德有超人的智慧，但弗洛伊德的父亲始终要在他面前保持做父亲的尊严。据钢琴教师莫利兹·罗森塔尔说，有一次小弗洛伊德与他的父亲在街上争论，父亲雅各布竟说：“怎么？你跟你父亲对立？我的西格蒙德小蹄子虽然比我的头脑更机智，但你休想同我对立！”

由于弗洛伊德的父亲的知识较多地来自犹太教法典和他的犹太教生活经验，所以，他给弗洛伊德的教育多半是与犹太教有关的历史、地理和其他知识。弗洛伊德从小打下的犹太教宗教教育基础，使他对犹太教的习俗、典礼、节日的内容、历史来源及演变过程非常熟悉。

用散步代替体育锻炼

父亲抓住一切机会向他传授基本知识和生活经验。从12岁起，弗洛伊德经常陪同爸爸在维也纳街边的人行道上散步。

当时，由于经济条件有限，弗洛伊德父子不能进行其他形式的体育运动。实际上，在那个时候，中欧各国的中产阶级及以上的居民都喜欢在闲暇时间和工作之余进行各种球类运动和体操运动，并喜欢夏天去游泳，冬天去滑雪。而弗洛伊德只能在街边散步，有时也同父亲一起登山。

有一天清晨，弗洛伊德和父亲徒步去登哈尔茨山。哈尔茨是座郁郁葱葱的山脉，绿树山花，遍布山坡，清澈的山泉弹奏着清脆悦耳的“交响曲”流过沟壑。其中，布罗肯山是哈尔茨山区内的最高峰，海拔1000多米。布罗肯山是当地人们十分喜爱的山峰，弗洛伊德的父亲兴致所至，给他讲述关于布罗肯山的各种古老传说。

传说布罗肯山上居住着“布罗肯女妖”，这些女妖被描绘成骑着长柄扫帚和粪叉飞来飞去，披散着头发的女巫形象，她们常常恶作剧或者帮助人们做些好事，在德国，女妖们深受德国人民的喜爱，几乎家喻户晓。德国民间流传着女妖们的故事，还说女妖们每年 4 月底的一天都要聚集在布罗肯山上跳舞狂欢。女妖们拖着长长的裙裾，疯狂地跳着舞，魔鬼则饮酒作乐，发出可怕的笑声。

弗洛伊德被父亲所讲述的故事深深吸引了，他不知不觉已经随着父亲到达了从未到达的高度。他想象着传说里那些顽皮、活泼和美丽的女妖们，怀着崇敬和期盼的心情，仰望着云雾缭绕的布罗肯山峰，他希望传说中的那些女妖们依旧生活在那些若隐若现的山峰中。至少，在现实生活的苦闷中，可以憧憬她们的自由、幸福和美妙的生活。

弗洛伊德的凝视和沉思引起了父亲的注意，他对弗洛伊德说："孩子，传说只是娱乐、安慰人心的东西，和现实生活相比，简直是另一个世界，不可当真。"

"我真的希望世界上存在这样的仙境。"弗洛伊德喃喃地说。他们交谈着，继续向布罗肯山峰方向攀登。

这种散步和登山的体育运动锻炼了弗洛伊德健壮的体魄，他的好友钟士回忆说，记得当弗洛伊德 65 岁的时候，曾同六七个年轻的同事一起爬哈尔茨山，这些年轻人都是身体健壮的 20 多岁的小伙子。但不论是在爬山速度还是在持久力方面，弗洛伊德都是首屈一指的。

散步活动后来就成了弗洛伊德的生活习惯，他经常单独散步。在维也纳大学学医时，散步仍然是他的最主要的锻炼方式。他还养成了在散步时思考的习惯，他所从事的研究人的心理、精神等抽象的概念很适合在幽静的环境中单独思考。

弗洛伊德也慢慢学会了游泳和滑冰。他一旦学会，就反复地抓紧时间进行实践。弗洛伊德说，他只要有机会，就到游泳池和河中去游泳。弗洛伊德的朋友钟士说，弗洛伊德很喜欢到江河湖海游泳，而且，弗洛伊德每次去游泳都表现出异常的兴奋，真可以用“如鱼得水”这个词来形容。

初显好学的天赋

弗洛伊德不仅在家里的表现远远好过弟弟妹妹，在学校的优异表现更是令同学们望尘莫及。

当弗洛伊德9岁时，由于智力过人，加上平时的努力自修，以优异的成绩通过了中学入学考试，比标准的中学入学时间提早了一年。

德国和奥地利的中学是八年制。它包括了中学的全部课程和大学预科的基本知识。因此，它比一般的中学多学了专业性知识。在德国和奥地利，这种学校被称为“吉姆那森”。弗洛伊德从入学开始到毕业都是优秀生。

弗洛伊德受的完全是严格的古典文化教育。拉丁文和希腊文的学习开阔了他的眼界，同时也让他更加了解古代的世界，因而他对考古学产生了兴趣。他善于用简单的句子来表达复杂观念，同学大都难以望其项背。

同时，弗洛伊德也学习法文和英文，抽空还自修了西班牙文和意大利文。他对自然科学的兴趣可能是由《动物的生命史》这本书引发的，那是他在 11 岁时从学校得来的奖品。每次他到城郊树林里独自散步，他都常会收集许多植物的标本带回家中。

弗洛伊德孜孜不倦地看书，他的求知欲很强。他不仅认真地学好所有的功课，而且喜爱课外读物。读书对他来说从来不是负担。看书和思索成了他生活中的主要内容。他也经常和自己的同学讨论问题，探讨书中的真理，有时还会为此发生激烈的争吵。为了不妨碍妹妹们的学习，每当在家里与同学讨论问题时，他总是把房门关得紧紧的。

在妹妹安娜的回忆里，哥哥带回家的男孩子，都是喜欢切磋功课的朋友而非玩伴。由此我们可以清楚地知道，少年弗洛伊德是一个用功、执着、决心想要成功的孩子。

他很少满足于课文的浅显的内容，总是愿意以课文作为线索，更深入和更全面地探索其他与此有关的问题。他所钻研的读物很多很广，包括历史、文学、地理、数学、物理、化学、外国语言等各门科学。除了老师留下的作业，他还会做更多的练习。

他爱解析难题，他善于从那些好像没有解决希望的难题中发现突破口，他常常顺着问题本身所固有的逻辑去进行有条不紊的解析；他也善于创造问题本身所没有的、有利于解题的条件，借助这些新条件，那些起初看起来令人望而生畏的难题会在他手中迎刃而解。

在中学时期，弗洛伊德不仅自己勤奋地学习，还经常主动指导自己妹妹们的功课，帮助她们复习，使她们能克服许多障碍逐步地掌握有效的学习方法。他甚至充当了妹妹们的阅读导师。他时常告诫她们不要过早地看一些不适宜的读物。有一次，妹妹安娜在 15 岁时看巴尔扎克的小说，弗洛伊德劝她别看。

后来他在自己的《自传》中说：

在中学时期，我的成绩连续 7 年名列前茅，每次班里考试总是第一名，成绩在全校里也是很稳定。所以我有特别待遇，甚至可以不用参加班里的考试。

由于弗洛伊德的学习成绩出色，他被保送到维也纳大学就读。维也纳是欧洲最著名的文化中心之一，而且从 19 世纪中叶到第一次世界大战期间，也是维也纳文化发展的全盛期。

维也纳的光荣而悠久的文化传统为弗洛伊德的精神分析学的形成和发展提供了丰富的“养料”。维也纳是弗洛伊德的科学创见和伟大学说的摇篮。

由于以上复杂的历史原因，当弗洛伊德进入大学时，他感到明显的失望。在他的《自传》中写道：

我发现别人指望我该自认为低人一等，是个外人，就因为我是犹太人。我绝对不承认我是劣等人，我一直不懂我为什么要为我的血统，或者如人们那时开始说的“种族”而感到耻辱。

我容忍了对我的排斥，并不感到懊悔。因为在我看来，尽管受孤立，但一个积极同大家一起工作的人是能够从这个人类的组织中找到某些慰藉或安身之地的。

弗洛伊德为不知走哪一条路，犹豫过很长一段时间。经过 3 年犹豫徘徊和动荡不定地选课，一般人通常只花 5 年时间就可以读完的大学，他却花了足足 8 年的时间。最后，当自己没什么选择时，他才把精力投入到医学上面。

早在 1872 年 9 月，弗洛伊德 16 岁的时候，为了准备升大学的考试，他花了 1 年的时间苦读。他把法律作为自己的主攻科目，主要是因为它能带他走进政界的大门，因为政界是一个犹太人可能发挥影响力的少数场所之一，尤其在中产阶级“布格”政府的掌权期间，犹太人的前途更为看好。

弗洛伊德的父亲曾经将一些他很尊敬的布格党人带回家，他们之中包括许多犹太人。在弗洛伊德看来，似乎每个犹太学生都有可能得到部长的职务。

他想读法律系还有另外一个原因，那就是他与后来成为社会主义的政治家的漠里克 · 布伦的同窗之谊。在莫逆之交布伦的影响下，弗洛伊德打算进入大学后选读法律。

但在 1873 年年初，一次演讲又动摇了弗洛伊德。

确切地说，那次演讲其实是弗洛伊德的老师艾内斯特 · 布吕克教授为同学们上的一堂很普通的课。只不过，在那堂课结束前，布吕克教授为同学们朗诵了一首著名作家歌德写的《谈大自然》的诗。

这首诗这样写道：

> 啊！大自然，
>
> 这包含着我们又控制着我们的大自然啊，
>
> 谁也跳不出她的掌握，更无法猜透她的心意；
>
> 而她，
>
> 却往往一下拽住了我们，把我们扔进她那狂舞的

旋涡，

在她的手中晕头转向，精疲力竭。

她容忍一个个稚子在她面前卖弄才智，

也允许一个个傻瓜对她妄加评议。

无数的人在她面前走过，

却从来没有人看清过她的面目，

而她却在观赏周围发生的一切，

对一切作出她自己的估计；

即使你不同意，也得服从她的规律，

即使你想反对，却也得把她的意志奉为法律；

她举止从容，是为了等待你；

她行动匆匆，你就不会发腻。

她没有语言，没有文字，却创造了那么多嘴巴来说话，

那么多心灵来感受，来识别。

……

弗洛伊德立即被诗文中的“大自然”深深吸引，他决定了解“大自然”，而了解“大自然”就需要先了解科学。

当时，达尔文的学说是一个很热门的话题，这些理论使人们觉得，人类对世界的认识渴望产生一个重大的飞跃，所以科学把弗洛伊德深深地吸引住了，于是，他下定决心在医学院专心学习。当弗洛伊德作最后决定时，他一度认为科学是帮助他赢得名声的一条路，甚至他或许能像达尔文一样创造出改变世界的理论。他相信自己会有一天也一定会在某一领域有一番成就。

最让弗洛伊德不能忍受的，就是很多无知的人不重视他。他想要让别人从里至外毫无保留地认可他。他希望他的工作被人记住，他的名字挂在人们嘴边；他喜欢众人跟随，喜欢带给追随者奖赏，但是他的抱怨却几乎近于虚假。

弗洛伊德十分肯定天将降大任于他，他有做领袖的一切资质。虽然还不知道未来的路会是怎样，但他毅然决然地放弃了经由法庭引至政府机关的路途，尽管这样会付出很大的代价。

然而，弗洛伊德所决定的不是放弃医学，只不过是放弃法律而选择自然科学。在这一段时间里，他曾经写道："我在那个时候，或者在我往后的日子里，都不曾特别钟情于医生这种工作。"但他后来却成为世界上最著名的医生，这似乎不符合他最初的想法。很多人认为他放弃法律和政治是非常不明智的举动，很快这些人就发现是自己错了。

早在高中时期，弗洛伊德就认识到一个寄人篱下的民族要承受巨大的不公。在大学里，他发现反对犹太族的浪潮更高涨了，但是这情况却给他有用的教训。先前，他叙述道："我已经习惯了别人的反对以及被置于'团结的大多数'限制的情况下，我已经有了某种程度的独立判断能力。"

在大学里奠定基础

1873 年秋，弗洛伊德顺利地升入了维也纳大学医学院。当时，弗洛伊德刚刚 17 岁。这是弗洛伊德学习和研究医学的开始。

入大学后的第一学期，即从 1873 年 10 月至 1874 年 3 月，弗洛伊德每周要学 23 个小时，其中有 12 个小时听解剖学课，6 个小时上化学课。另外，还要进行这两门课的实习和实验。

接着，在第二学期，即从 1874 年 4 月底至 1875 年 7 月，他花在学习上的时间更长，每周达 28 个小时，上课的科目包括解剖学、植物学、化学、显微镜实习和矿物学。此外，他还选修了由动物学家克劳斯主讲的“生物学与达尔文主义”课；也选修了布吕克教授主讲的“语态和语言生理学”课。从此以后，布吕克教授成为了他在学习和研究方面的重要导师。

弗兰兹·布连坦诺是奥地利的天主教哲学家。他推崇经中世纪托马斯·阿奎那所歪曲和改造了的亚里士多德主义，他也是经院哲学的信奉者。布连坦诺的哲学在当时和以后都对西方哲学和心理学产生了很大的影响。弗洛伊德本人的哲学观点和心理学研究方法虽然有其独特的风格，但也在很大程度上受到了布连坦诺的影响。

弗洛伊德在连续三年听布连坦诺哲学课的过程中，始终都没有停止过对别的哲学派别的研究。在当时的维也纳大学，对几乎所有的大学生——不管是哲学系，还是医学院的或其他系科的学生——都要求在哲学上达到一定程度的造诣。

在第四学期，弗洛伊德继续听布连坦诺的哲学演讲。这时，布连坦诺已经开始讲授亚里士多德哲学。弗洛伊德早在中学和大学预科时代就精通希腊文、英文和拉丁文。因此，他完全有条件直接地钻研各种文本的亚里士多德著作及其他哲学著作，这也使他有条件尽可能客观地研究亚里士多德哲学原著的本来精神。

弗洛伊德在学习中从不盲从，体现了他可贵的独创精神。对于著名的学者——包括他的现任老师、著名生理学家布吕克教授、解剖学家克劳斯教授、哲学家布连坦诺等人在内都始终保持既严肃又谦虚的态度。弗洛伊德首先领会他们的观点，然后深入地和创造性地进行独立思考。在他没有弄懂某一观点之前，他绝不匆忙地作出肯定或否定的结论。

为了独立地钻研，他博览群书，如饥似渴地翻阅一切可能找到的参考书。他简直成了书本的永不疲倦的猎手。

有一次为了买书，他同爸爸发生了矛盾。弗洛伊德有买书的嗜好，但因经济条件的限制，父亲不得不劝他少买书。

到大学四年级开始前，弗洛伊德总结了前三年学习生活，他说道：

> 大学头三年的学习让我明白，我的天赋和能力受到了局限，我年轻时所热衷的那些科学领域恐怕我不会取得成

功。后来，我终于在布吕克的生理实验室找到归属感。

同时，我也在那里找到我所尊敬且以之为模范的人物，即伟大的布吕克本人及他的助手西格蒙德·艾克斯纳和厄纳士特·冯·弗莱斯尔·马兹科。

1876年秋，弗洛伊德该上大四时，他正好是20岁，布吕克教授要他到生理学研究室。从此，弗洛伊德成了布吕克教授的正式助手。弗洛伊德同布吕克生理学研究室的结合，在他的一生和科学研究活动中是一个重要的转折点。

困难造就哲人，寂寞造就诗人。童年的经历和大学的生活使弗洛伊德更倾向于诗歌，所以，他格外推崇莎士比亚与歌德。

弗洛伊德很喜欢歌德的作品，他时常阅读《浮士德》、《少年维特之烦恼》等。他曾在自己的《自传》中引用了《浮士德》中的语句：

对科学的广博涉猎是徒劳的，每一个人都只能学到他所能学到的东西。

歌德在一首十四行诗里写道：

谁要做出大事，就必须聚精会神，
在限制中才显露出能手，
只有法则才能够使我们自由。

这些崇高的理想如春风春雨般滋润着少年弗洛伊德的心灵，也使弗洛伊德的眼睛明亮，信心十足。歌德的许多带有教育意义、表达深刻思想的短诗，语言精练有力，每一个字都印在弗洛伊德的心坎。弗洛伊德经常大声朗诵歌德这样的诗句：

怯懦的思想，
顾虑重重的动摇，
女人气的踌躇，
忧心忡忡的抱怨，
都不能扭转苦难，
不能使你自由。
对一切的强力，
自己要坚持反抗，
永远不屈服，
表示出坚强，
呼唤过来，
群神的臂膀！

弗洛伊德对莎士比亚也是特别推崇。他从 8 岁就开始阅读莎士比亚的著作。他阅读过莎士比亚所有的著作，而且，每当他阅读时，总会从莎士比亚的著作中摘引最精华的部分，背诵得滚瓜烂熟。他非常欣赏莎士比亚精确和深刻的表达方法。莎士比亚对于人生要旨的精湛理解更让他特别敬仰。

1879 年，弗洛伊德应征入伍。后因为未经请假外出而退伍。

退伍后，弗洛伊德又回到了维也纳大学。从 1873 年至 1881 年，弗洛伊德在维也纳大学医学院的学习是他一生中的伟大事业的奠定知识基础时期。他把大量的时间用在学习生物学、医学、病理学、外科手术等课程上。

同时，在这里，弗洛伊德结识了在全世界负有盛誉的学者和医生。除了布吕克、克劳斯以外，还有著名的外科医生比尔罗斯、皮肤科专家赫伯拉、眼科专家阿尔德等人。从他们那里，弗洛伊德学到了许多宝贵的知识和进行科学研究的正确方法。

1881 年 3 月，弗洛伊德终于以优异的成绩通过了医学院的毕业考试，领到了姗姗来迟的毕业证。

追忆纯真往事

在 16 岁的时候，弗洛伊德有了第一次的恋爱经验。那是 1872 年，弗洛伊德回到了自己的出生地弗莱堡。在这里，他又见到了久违的女朋友吉夏拉。

吉夏拉的父亲也是毛织品商人，和弗洛伊德的父亲一样。弗洛伊德很小的时候就和吉夏拉在一起，两人可以称得上是青梅竹马。吉夏拉比弗洛伊德小一两岁，当弗洛伊德再次见到吉夏拉时，弗洛伊德的脸激动得通红，心不由自主地乱跳，连一句示爱的话也说不出来。

吉夏拉离开后，弗洛伊德开始想入非非，一个人留在树林内。如果自己的家不迁出弗莱堡的话，他就本该是弗莱堡的一个粗壮的农村少年，或许早就同吉夏拉结婚了。

这种幻想一直萦绕在弗洛伊德的心头，直至后来被另一个幻想所替代。

那是当他得知父亲和同父异母的哥哥伊曼努尔打算让他在毕业后弃学经商并可能让他迁居英国曼彻斯特的时候，他就产生了这一个幻想——幻想同伊曼努尔的女儿，也是吉夏拉的好朋友，同时论辈分还得管自己叫叔叔的保莲结婚。

根据弗洛伊德自己的学说，他自己在这一时期出现的上述两个幻想都表明他的性发育已进入青春期发育阶段。

当弗洛伊德 19 岁的时候，他终于夙愿得偿，去英国访问两年前，父亲为他的“全优”中学毕业考试而许诺给他的。弗洛伊德早已想游览、甚至定居于莎士比亚的祖国——英国。

德国和奥地利境内对犹太人的排挤已接近疯狂，这更使他渴望到英国去。他很想像哥哥伊曼努尔、菲利浦及其子女一样在英国过自由的生活。

他在幼年时代，在弗莱堡的时候，弗洛伊德和伊曼努尔的儿子约翰和约翰的妹妹保莲，三个人的关系就非常要好。虽然约翰比弗洛伊德大一岁，但弗洛伊德把自己的侄儿约翰当成自己的好朋友，因为他们年龄相当。

弗洛伊德同约翰和保莲的关系在弗洛伊德的精神和意识中始终有很大的影响，以至于 17 岁的弗洛伊德在曼彻斯特与约翰和保莲重逢时，他产生了一种奇特的幻想——他把保莲当成他迷恋中的弗莱堡少女吉夏拉的替身。

此后，当弗洛伊德学会进行精神分析的时候，深藏于自己的潜意识中的幼年生活经历不断被他发掘，其中包括他同约翰、保莲、吉夏拉的亲密来往。在弗洛伊德眼里，他同约翰等人的关系在他的潜意识中已是根深蒂固，所以他进行自我精神分析的时候，这些刻印在潜意识中的童年印象便都一个一个地浮现出来。

此外，据弗洛伊德说，这些关系对他影响更为深远，甚至对他以后的性格、爱好产生了重要的影响。

他在谈到同约翰的关系时说：“在我 3 岁时，我们之间的联系就已不可分割。我们曾经互相爱慕，却又互相打斗；这种童年时期的关系对我以后同我的同龄人的全部关系产生了重大的影响……当他对待我粗暴的时候，我就勇敢地反抗压迫我的人。”

接着，他又说：“在感情生活中，我始终都有某个密友和某个仇敌；我始终都能重新调整这些关系，而且，我童年时代的上述典型关系对我启发性很大，以至于我可以调整同任何一个人的敌友关系，就像我同约翰那样。”

因此，弗洛伊德认为，任何一个他所认识的人，在表现他同弗洛伊德的关系方面，都是可以调整的，而这一切都可以在他同约翰的关系中找到原型。

当弗洛伊德 17 岁到英国再次见到约翰和保莲的时候，以往的一切旧事不禁涌上弗洛伊德的心头。

弗洛伊德对自己的异母哥哥伊曼努尔的感情更加深了。伊曼努尔在给他爸爸的信中写道，弗洛伊德在英国的表现令人敬佩，有气质和风度。弗洛伊德在这次访问时对英国近代革命的领导人奥利沃·克伦威尔的敬仰更加强烈了。

弗洛伊德对克伦威尔的反复赞颂，伊曼努尔对此留下了很深的印象，以至于后来当伊曼努尔决定给自己的一个孩子取名的时候，竟叫他“克伦威尔”。就连弗洛伊德自己，在以后的生活历程中，也经常幻想自己是伊曼努尔的儿子。如果幻想成真的话，弗洛伊德的生活可能会更加顺利一些。当然，幻想终究是幻想。

最后，这段关系不了了之，但这段感情给弗洛伊德的影响却非常巨大。

建立终生友爱

弗洛伊德自维也纳大学医学院毕业后，他继续留在布吕克教授的生理学研究室里。他在这里从事研究工作已经有 15 个月了。不像以前他还要兼顾听课；现在他可以把全部精力都投入到研究工作中。

在从事研究工作的同时，弗洛伊德还担任了大学助教的工作，刚从大学毕业的初级研究人员大多如此。

从 1881 年 5 月至 1882 年 7 月，他顺利地完成了研究项目和助教职务。在这一年多的时间里，弗洛伊德的收入很微薄，但他要承担赡养父母和弟弟妹妹的重任。

转折点是 1882 年的夏天，在完成了先前的小龙虾研究以后，他继续在研究室里做一些例行的工作。弗洛伊德在他简短的自传里有所叙述，但是不太完全。

他写道：

> 1882 年是关键性的一年，我最尊敬的老师纠正了我父

亲那种很高尚但不实际的观念；由于我的经济情况不佳，他更极力劝告我放弃理论的追求。我听从了他的劝告，离开了生理学研究室，进入总医院工作。

弗洛伊德在此故意省略了重要的一点，那就是：他已经驶入爱情的港湾。他知道结婚需要很大的费用，光靠研究费用远远不够。于是，他集中精力开始抓住需要两三年才能获得的临床经验，以便在医院拥有高薪职务，或者将来可以自己开业行医。

那一年的春天，他仍住在家里。每天晚上从研究室回来，便直奔他那狭长的书房里，只和家人简短地招呼一声。

后来他干脆搬到医院的宿舍去，周末才回家，一回到家就和陪他一起来的朋友们进入书房。

他的大妹妹后来遗憾地说："大家都以为，家里的 5 个年轻女孩子对于这些年轻人总会有一些吸引力！但是，他们对和我们博学的哥哥讨论科学要更有兴趣，这群家伙一来就进入他的书房，都不正眼瞧我们！"

弗洛伊德似乎也采取同样的态度对妹妹们的朋友，但在 1882 年 4 月的一个晚上他的反应却出人意料。他像往常那样回到家里，却发现一个年轻女孩子正在一边削着苹果一边和家人聊天。这一回他没有走进房间，而是加入了她们的谈话。

这位访客是玛莎·柏纳斯，那一年 21 岁，是德国籍的犹太人，全家于 1869 年迁到维也纳。她的父亲柏尔曼·柏纳斯在 1879 年去世，家里的责任就落在他的儿子艾里身上。艾里于是成了他两个妹妹——玛莎和明娜的监护人。

有些不了解弗洛伊德的人以为，像弗洛伊德这样对性心理有特殊研究的人，一定是一个色情狂，还很有可能是个热衷于玩弄女性的恶棍。其实，弗洛伊德对爱情和婚姻生活始终保持着严肃正派的态度。

玛莎是个什么样的姑娘，能让弗洛伊德如此神魂颠倒呢？

玛莎·柏纳斯是一位美丽的犹太姑娘，她比弗洛伊德整整小5岁。她的祖父伊沙克·柏纳斯是正统的犹太教教士。

在1848年前后社会上掀起改革运动的时候，玛莎的祖父正在德国汉堡任犹太教大教士。他反对改革，坚持"正统"。显然，他极其保守，极端仇视革命分子，唯恐几千年前早已定下的教规和教法受到革命触动，他认为教法是不可动摇的。

但另一方面，玛莎的祖父又同革命诗人海涅来往过密。海涅曾在信中反复提到伊沙克·柏纳斯，称他学识渊博，富有智慧，这足以证明老柏纳斯是个很有学问的犹太学者。在德国当局迫害海涅的时候，不是别人，正是伊沙克·柏纳斯的一位弟弟在巴黎主办的《前进报》上刊登了海涅的一首诗。

海涅在给这位编辑的信中，请他向正在巴黎流亡的卡尔·马克思致意。伊沙克·柏纳斯的一个儿子——米凯尔，也是一位很有学问的犹太人。米凯尔后来当上慕尼黑大学的德语教授，成为德意志巴伐利亚国王的学术顾问。米凯尔还写了一部论歌德的著作。米凯尔还有两位兄弟，一位叫雅可布，另一位叫柏尔曼。柏尔曼就是玛莎的父亲。

雅可布也是一位教授，曾在海德尔堡大学教拉丁文和希腊文。玛莎的父亲柏尔曼是一个商人，但他对犹太教非常虔诚，而且也很有学问。

1869 年，玛莎在刚刚 8 岁时随家人从汉堡迁往维也纳。玛莎曾经回忆母亲离开汉堡时的悲伤情景——妈妈不忍离开汉堡，临行前，一边做饭一边哭，她的眼泪掉在炉灶上，发出了“嗞嗞”的声音。

到了维也纳以后，玛莎的父亲成为奥地利著名的经济学家罗伦兹·冯·斯泰因的秘书。1879 年 12 月 9 日，突发的心脏病夺去玛莎父亲的生命。玛莎的哥哥艾里于是继承了秘书职位。

玛莎是位娇弱可爱的姑娘。她很像中国古典小说《红楼梦》中的林黛玉。据说，她的美貌曾吸引了不少男青年，很多小伙子热情地给她写信倾吐真情，也使得弗洛伊德妒火中烧。

关于玛莎的美貌，弗洛伊德曾以他那一贯坦率的口吻回答玛莎的自谦说：“我知道你在画家或雕刻家的眼中看起来，并不算美丽；假如你一定要坚持用严格和准确的字眼的话，我必须承认你并不美丽。但在实际上，我是错误的。倒不是我有意奉承你；实际上，我也不会奉承。我的意思是说，你在你自己的面貌和身段方面所体现的，确实是令人陶醉的。你的外表，能表现出你的甜蜜、温柔和明智。我自己对于形式上的美，总是不太在意；不过不瞒你说，很多人都说你很美丽。”

接着，弗洛伊德又在信中写道：

> 亲爱的姑娘，不要忘记，“美丽”只能维持几年，而我们却得一生生活在一起；一旦青春的鲜艳成为过去，则唯一美丽的东西，就存在于内心所表现出来的善良和了

解，这正是你胜过别人的地方。

面对美丽的姑娘，弗洛伊德终于打破犹豫的枷锁，冲破呆板的罗网，决心向玛莎求爱。他每天送给她一朵红玫瑰，并附上一张名片，上面用拉丁文、西班牙文、英文或德文写上箴言或格言。

弗洛伊德回忆说，第一次向她致意时，他把她比成一个嘴唇会衔来玫瑰和珍珠的“神仙公主”。从此以后，他就经常用“公主”来称呼她。

1882 年 5 月的最后一天，他们手挽着手，沿着维也纳的古老城堡卡伦堡走下去，这是他们之间的第一次私人交谈。

在弗洛伊德那天的日记中，他记下了玛莎对他的疏远表情，拒绝接受他送给她的橡树叶。弗洛伊德在日记中表示怀疑自己能否在今后也像她对他那样表示疏远。也就是从那以后，弗洛伊德很讨厌橡树。

第二天，弗洛伊德又陪玛莎和她母亲去散步。他向玛莎问起许多事情。玛莎一回家就告诉她妹妹明娜，并问道：“你觉得怎么样?”

她所得到的是一句非常客气却又十分令人泄气地回答：“谢谢医生阁下对我们如此厚爱。”

同年 6 月 8 日，弗洛伊德发现玛莎在为她的表哥马克斯·迈尔做皮包。他以为自己已经没有希望了。但两天以后，玛莎对他已娇态毕露，显然他们之间已经相互吸引。这时候，弗洛伊德才觉得自己还是有希望的。

第二天，玛莎给弗洛伊德送去她亲自做的蛋糕，上面写着“玛莎·柏纳斯”。

就在她要把蛋糕送去时，她收到了弗洛伊德送来的礼物——狄更斯的小说《大卫·科波菲尔》。于是，她又在蛋糕上添上感谢的字眼。再过两天，即6月13日，她到弗洛伊德家去聚餐。

弗洛伊德把她的名片留下来当作纪念品，这赢得了玛莎的好感，不由得在桌下把他的手按住。他们之间的眉目传情都被家里人看到了，随后他们之间的感情也开始沸腾起来。

步入婚姻的殿堂

在那个星期六，他们以闪电迅雷一般的速度订婚了。

那天，玛莎给弗洛伊德送去一枚戒指。这是玛莎的爸爸送给她妈妈的，她妈妈又把它送给了玛莎。弗洛伊德仿照这枚戒指定做了一枚小的，送给玛莎。就这样，他们交换了订婚戒指。

这一天是 6 月 17 日，弗洛伊德和玛莎永远都忘不了这一天。后来他们曾一连好几年，都要在每个月的 17 日那天庆祝一番。

虽然后来在弗洛伊德夫妇的那些情书中未曾提及玛莎在与弗洛伊德认识前的情史，但据玛莎自己后来说，在弗洛伊德向她求爱以前，她险些与一位比她大许多岁的商人雨果·卡迪斯订婚。好在她哥哥多方劝阻，并告诉她没有爱情基础的婚姻往往是不幸的。

玛莎虽然算不上很有学识，却受过良好教育并且聪慧过人。在同弗洛伊德生活的岁月中，她的才智便时时显现出来。

玛莎的哥哥艾里于 1883 年 10 月 14 日同弗洛伊德的大妹妹安

娜结婚。一般人都以为，艾里和安娜是在弗洛伊德订婚之前订婚的，似乎弗洛伊德是经由艾里订婚才认识玛莎的。事实并非如此。弗洛伊德是在 1882 年 6 月 17 日和玛莎订婚，比艾里订婚早半年左右。

和玛莎订婚后，弗洛伊德开始考虑要为结婚准备必要的资金。显然，继续担任研究室和助教工作，不能满足经济上日益增多的需要。所以，在完成第三学期助教工作的时候，他决定接受父亲和布吕克教授的劝告，改行做专职医生。

弗洛伊德的这一改行，从它的实际效果来看，远远地超出了他自己的设想。当弗洛伊德在精神分析学的研究工作中取得累累硕果的时候，他回过头去重新评价自己在 1882 年的改行决定，才看出了这是他的一生中的真正转折。

由于工作需要，弗洛伊德和玛莎很快就分居两地。在他们分手那天，弗洛伊德生怕自己会从一个可能是虚幻的好梦中惊醒。他还不大适应自己沉沦于幸福的爱情之中，但一个星期之后，他就心安理得地反复欣赏玛莎寄来的信。

弗洛伊德个人感情的特点在他同玛莎的关系中渐渐而又充分地体现出来。弗洛伊德最厌恶逃避现实，最不能容忍姑息。在他眼里，他恨不得与玛莎之间的关系达到完全融合，不容许其间存在一点杂质或暧昧。他要求自己同玛莎之间的爱情生活达到绝对纯净的地步，甚至不许玛莎有任何一点令他怀疑的言行。

弗洛伊德的这种性格在他的科学研究中可称为严谨、一丝不苟的品质，但在感情上，在玛莎眼里，他更像是一个“书呆子”。

玛莎虽然是一个娇丽温柔的姑娘，但她有很强的自尊心，绝不是那种百依百顺的、毫无主见的女人。所以，弗洛伊德同玛莎之间的关系时不时会遇到一些挫折，偶尔也会闹些矛盾。

在他们俩分离不到一星期后，弗洛伊德就单方面地表现出他过于理想化的一面，因而提出很不现实的要求，希望玛莎能百分之百地符合他脑子中的理想模型。但事实终究是事实。在他们之间发生的许多事情恰恰不符合弗洛伊德的主观设想。

最大的麻烦是玛莎同她的表哥马克斯·迈尔的关系。早在认识弗洛伊德以前，玛莎确实曾考虑过要选择马克斯·迈尔。仅凭这一点就足以使弗洛伊德羡慕、嫉妒，再加上弗洛伊德的一个妹妹有可能是故意地、还有可能是不怀好心地火上加油，告诉弗洛伊德说，玛莎对马克斯为她谱的乐曲和为她唱的歌时常回味。

这就使弗洛伊德急得如热锅上的蚂蚁那样终日心神不安，疑神疑鬼。此外，马克斯也直接气弗洛伊德，说玛莎早就需要爱情，以致她早已准备寻找一个合意的丈夫！所有这些挑逗，就像一桶热油，使本就妒火中烧的弗洛伊德更加痛苦。

弗洛伊德在自己的爱情生活中经历了很多曲折的心理矛盾。他往往自寻烦恼，往往在给玛莎的信中不断地自我分析、自我批评。但是，这种理智的、冷静的看法，还没被培养成习惯，很快又被爱情妒忌心所搅乱，于是，一波未平一波又起，弗洛伊德又陷入新生的烦恼之中。

不久，马克斯的影子又被另一个人的影子所替代，更加严重地干扰了弗洛伊德的感情。这个人不是陌生人，而是弗洛伊德的一位亲密的朋友——弗立兹·华勒。马克斯是一位音乐家，而弗立兹是一个艺术家，这些都是令弗洛伊德不安的地方。

弗洛伊德曾经仔细观察过他们取悦妇女们的本领。

有一次，有人告诉他，弗立兹最擅长诱拐勾引有夫之妇。弗洛伊德后来曾说："我想艺术家和那些奉献于科学工作的人之间，很难和平共处。大家知道，艺术家拥有一把开启女人心房的"万能钥匙"；而我们这些搞科学的人，只好无望地设计一种奇特的锁，并不得不首先折磨自己，以便寻找一种适当的钥匙。"

实际上，弗洛伊德纯属庸人自扰，他对弗立兹的疑心完全是多余的。弗立兹已经和玛莎的表姐订过婚，而且他一直都像关心自己的妹妹那样关心玛莎。弗立兹和玛莎关系非常要好，弗立兹时常会带玛莎出去，而且常常从各方面鼓励她。他们之间纯属亲密的友情，根本不值得弗洛伊德惊慌或妒忌。

玛莎对弗洛伊德的感情向来忠贞，她只是把弗立兹当成哥哥看待。但是，不管怎样，弗洛伊德一直坚持一定要玛莎和弗立兹必须立刻停止来往。这样，玛莎与弗立兹不得不中断各种关系。从那时候起，弗立兹再也没给他们增添麻烦，不过他们所受到的创伤要想痊愈却需要相当漫长的一段时间。

这件事过了 3 年，弗洛伊德还说这是一段"不可能忘记的"痛苦的回忆。

在弗洛伊德与玛莎的爱情生活中，玛莎的哥哥和母亲也曾经带来些许不便。

玛莎的哥哥艾里，比玛莎大一岁，和弗洛伊德是心腹之交。他生性豪爽，但很擅长针对不同的人和不同的需要赠送礼物。弗洛伊德一直珍藏着艾里送给他的美国独立纪念图片。弗洛伊德奉之若宝，一直将它挂在医院宿舍的床头。

艾里在这两家人中，比谁都神气，他不但是一个精明的商人，而且还发行了一本有关经济方面的刊物。自艾里的父亲去世后，他的母亲和两位妹妹完全由他一手供养。在他和弗洛伊德的妹妹安娜结婚之后，也给予弗洛伊德一家不少帮助。他对人生的看法，不像弗洛伊德那样严肃。而弗洛伊德则认为艾里是个被家庭娇惯以致宠坏的纨绔子弟。

实际上，弗洛伊德对艾里的上述看法是片面的。艾里确实是一个聪明能干的男人。

1882年7月，艾里和弗洛伊德住在一起。艾里对弗洛伊德很友善和亲切。但过了不久，问题就出来了。

当时，弗洛伊德的刚刚年满16岁的弟弟亚历山大正受雇于艾里，学习他后来一生从事的工作。按照当时的习俗，当学徒是无须支付薪水的。但是，亚历山大上工9个星期后，弗洛伊德便叫他的弟弟亚历山大向艾里索取薪水，并说，假如艾里不答应或者甚至稍有迁延的话，就辞职不干。

艾里只答应从两个月后的1月份开始支薪。所以，亚历山大就听了弗洛伊德的建议离开艾里了。这件事使弗洛伊德与艾里及其母亲的关系开始恶化。

自打弗洛伊德与艾里产生矛盾后，弗洛伊德再也不去玛莎家了。所以，在以后的日子里，差不多有两个月的时间，他们只是偶尔在街上，或在弗洛伊德拥挤的家中见见面。这样的尴尬一直持续到5月的一天，弗洛伊德在医院里有自己的房间时才有所转变。此后，玛莎就经常到那里去看他。

玛莎的母亲名叫爱梅玲·柏纳斯，母家姓菲利浦，她生于1830年，是一位很有知识的妇女。她老家在斯堪的纳维亚半岛，所以，她会讲一口流利的瑞典语。

她和她的丈夫一样，严格地遵守正统的犹太教教法。她也教育自己的子女要像她那样虔诚，信守犹太教教规。而弗洛伊德偏偏根本不信那一套，因此，矛盾也就由此引起。弗洛伊德很不客气地称宗教教义规定为迷信，他很鄙视宗教迷信。

按照犹太教规定，星期六安息日内不能写信，禁止书写。玛莎为了不被妈妈发现，用铅笔代替钢笔和墨水偷偷地到花园里写信，弗洛伊德为此烦恼不已，甚至还指责玛莎“软弱”，不敢起来反抗她母亲的迷信活动。

弗洛伊德曾经对玛莎说：“艾里并不知道，我将要把你改造成一个异教徒。”确实，弗洛伊德在日常生活的许多方面，已经改造了玛莎的信仰和生活方式。

有一次，弗洛伊德写信给玛莎，谈到玛莎的母亲时写道：

> 她很吸引人，但是，她太冷漠了。她对我的态度可能会永远如此。我一直尽量地想在她身上找到与你相似之点，但发现几乎没有半点。
>
> 她那极端的热诚，多少带一点屈尊俯就的神气，显得她处处要人尊敬她。我认为将来我肯定会和她常常合不来。不过，我不打算迁就。
>
> 现在，她开始对我弟弟不好，而你知道我对我弟弟是喜欢得要命的。

弗洛伊德对玛莎的妈妈最为不满的，就是她那扬扬自得的神气和贪图安逸的习惯。弗洛伊德觉得，她活了那么大年纪，却不像他母亲那样，保持低调，一切为儿女的利益着想，反而自居父职，端起一家之长的架子，过多过分地干涉儿女的事情。这种过于男性化的表现使弗洛伊德很反感。

弗洛伊德对玛莎的母亲和哥哥的态度，在一定程度上影响了他同玛莎一家人的关系。客观地说，如果弗洛伊德自己的心胸宽广一些的话，很多事情是可以避免的，很多事情就是由于他心胸过于狭窄造成的。

实际上，玛莎的母亲和哥哥，一直没有干预过他和玛莎的关系。玛莎自己也并没有因母亲和哥哥的关系而减少同弗洛伊德的来往。

玛莎一向尊敬她的母亲。在她眼里，母亲的那种坚定的意志，不仅不自私，反而值得钦佩。特别是作为一个女性，能如此自信是难能可贵的。

玛莎的可贵之处在于：既能保持尊敬母亲，又始终真挚地爱着弗洛伊德。她把这种平衡保持得很好，不使任何一方的感情受到伤害。这是玛莎能成为贤淑的家庭妇女的良好基础。

1882 年 12 月 26 日，也就是在弗洛伊德和玛莎两家人都热热闹闹地和快快乐乐地过圣诞节的时候，弗洛伊德和玛莎两人终于把他俩订婚的事情告诉了玛莎的母亲。

1883 年 1 月，弗洛伊德和玛莎开始在一本他们称为《秘密纪事》的书本上，记载他们之间在订婚前后的恋爱生活。他们都有这样一个想法：要在以后的某一天好好地温习。他俩认为住在一起的时候，他俩就不会有书信来往，因而就没有机会记录他们之间的那些极其美好的恋爱生活。

因此，他们决定，当住在一起的时候，要轮流执笔，写日记和写回忆感想之类的东西。弗洛伊德在《秘密纪事》中写道：他们要共同研究历史和诗，“不是为了美化人生，而是为了生活本身。”

1883 年，艾里同意母亲举家迁回汉堡的决定。

这样一来，弗洛伊德同艾里的矛盾就更尖锐起来，以致后来当艾里同弗洛伊德的妹妹安娜结婚的时候，他都不愿参加婚礼。

弗洛伊德是个讨厌各种形式的人，艾里婚礼的隆重程度更引起弗洛伊德的反感。他公开批评那次婚礼“简直令人讨厌”。当然，弗洛伊德说这话的时候，完全没有想到自己的婚礼也要举行得这般隆重。

玛莎一家迁往汉堡以后，弗洛伊德与玛莎不得不暂时分居两地。

弗洛伊德很担心，玛莎在他们分手以后会由于精神不悦而影响健康。但实际上，他自己受此影响要比玛莎严重得多。他那段时期的境况是相当凄凉的。那时候，他正式从事科学研究工作才使他的前途和家庭生活变得更加美满和充满希望。那时他的家庭负担很重，而和玛莎恋爱和相互慰藉是唯一支撑他的精神支柱。

弗洛伊德在苦恼中怨天尤人，怪他妈妈，也怪在英国的哥哥，怪他们不为他着想，不分担他的重负；同时也怪玛莎，怪她不坚决反对搬家。

在那一个月内，他的生活无处不是痛苦和烦恼，而玛莎也是狼狈不堪，坐立不安，这对情人简直忍受不了分离的痛苦。在这种情形下，他们之间也产生了一系列的误会；由于弗洛伊德的固执和过于自信，他们之间的误会竟发展到悲剧的程度。

弗洛伊德同玛莎不仅在性格上，在感情方面也有很大的差别。玛莎和一般女人一样，具有那种渴望被爱的天性，同时又深信自己已经获得了所想要的一切。与此相反，弗洛伊德不但和一般男人不一样，总是希冀更多更深更强烈的爱，而且对于自己的所有，又总是患得患失。在别的方面他表现得很有自信心，但在自己的问题上，却非常不自信。

弗洛伊德一次又一次地为怀疑玛莎爱不爱他而苦恼不堪，更因此渴望玛莎经常向他保证来安慰他。为此，他常常想出一些特别的试验，想要测试玛莎对他的爱。但他的这些“考验”方式，显然不太妥当，甚至有些不合情理。

最出格的是，他竟然要求玛莎和他完全一致，要无条件地、绝对地赞同他的意见、他的感觉和他的意向。在他眼里，他恨不得将自己的影子烙在玛莎的身上。

但是，弗洛伊德的这些“考验”并不是都做到始终贯彻。由于他非常爱她，在许多情况下，往往是在一番痛苦与自我折磨后，弗洛伊德便会向玛莎让步，或是表现得逐渐清醒，承认自己的要求荒谬。

一般而言，玛莎和弗洛伊德在性格、兴趣方面的差别还不至于导致对抗。所以，玛莎可以很轻易地通过他的各种“考验”。除非遇到特别问题，她才会坚持己见，毫不退步。在许多对抗下，绝大多数以玛莎获胜，弗洛伊德退让结局。

在一般情况下，一对订婚或结婚的夫妇，在他们共同生活的过程中，总会自动地相互协调，寻求最大的可能使彼此和谐地生活在一起。

如果说在订婚或结婚以前，许多事情都处在理想化的阶段，双方的缺点和各种微妙的性格都未能全部看透，那么，在订婚和结婚以后，由于有了更多的实际的接触，在事实的严峻考验下，双方的性格就会慢慢地、也更真切地表现出来。

在这一过程中，正常的夫妻应该是尽量调整关系，使之更加平稳地发展下去。但是，弗洛伊德却持相反态度，他说："相互宽容只能导致相互疏远，这种宽容一点好处也没有。如果有困难的话，我们应该去克服它。"这是弗洛伊德的敢于正视现实、迎难而上的优秀品格。

他厌恶各种形式的一知半解或半途而废，厌恶各种掩盖矛盾的虚伪形式，不愿意自欺欺人；他有一种不管经历多大艰难困苦都要直达真理的核心的坚强毅力，再加上他上进心非常强，所以，他在各个方面都绝不妥协，成为一个很不好惹的人。

他甚至认为，如果一个人看不出别人身上存在着某种必须加以纠正的错误的话，那是不堪设想的。弗洛伊德的这些性格，使他在订婚后的头一两个月内，同玛莎之间发生了许多不愉快的争吵。

弗洛伊德在爱情生活中表现出的是一个严谨、一丝不苟的科学家行为法则。在投入他的感情之前，他总要先给对方一个难以接受的批评；他内心深藏的那种仁慈的宽宏和忠诚的爱情，总要披上一层苦涩的外衣。正因为如此，有些人常常对弗洛伊德的个性产生一些误解。

玛莎的可贵之处，恰恰在于她对弗洛伊德高度忠贞，以致当她婚后发现弗洛伊德身上的缺点的时候，仍然能保持对他们爱情的忠诚。她不可动摇地相信，只要她和他在一起，不管遇到何等复杂的感情变化或境遇，他们的爱情都会获得胜利。

有一次，玛莎到卢北克度假，曾经开玩笑地写信给弗洛伊德说，她曾幻想自己在洗澡时淹死了。

弗洛伊德在回信中说道：

或许有人会认为，对于人类在数千年的历史长河中，一个人失去自己的爱人，顶多是长河里的一朵浪花。但是，我的看法同他们的想法正好相反。

在我看来，失去爱人无异于世界末日。在那种情况下，即使是一切仍在进行，我也什么都看不见了！

在过去的日子里，你的一封信就会使我的生活不再虚度，令我满怀期待。除了期待以外，我什么事情都不想做。只有经历那样一段艰难的时间，我才能为赢得你而平静地工作。因此，我那时必须为我们的爱而战斗，正如我现在的所作所为……

不管怎样，这一切就是弗洛伊德信仰的特别之处。他并不期望有什么奇迹降临到他的头上。他认为想要获得成就，就必须经过一番艰苦的努力才行。

在订婚后三年，弗洛伊德想让玛莎坦白说自己远比三年前更加爱她。在三年前，他对她的了解太少了。

弗洛伊德还说，他在三年前所爱的只是她的形象与外表，而如今他所爱的是她的人格，是真正的玛莎。

他说："在开始的时候，我对你的爱还掺杂着许多痛苦。在那以后，我对你产生了忠诚的情谊和欢乐的信心。如今，我则以一种神魂颠倒的激情爱着你，这种激情只能保留下来，并大大超过我的期望。"

从 1882 年 6 月订婚至 1886 年 9 月结婚，弗洛伊德不仅在感情上经历了多种复杂的考验，而且在经济上承受了很重的压力。

弗洛伊德家里始终都很拮据。即使在他医学院毕业后，弗洛伊德还要有一段时间从事科学研究，不能分担家庭的经济负担，所以，他的婚姻费用一直给他带来很大烦恼。玛莎的妈妈本来就嫌弗洛伊德家里不富裕，因此，越接近婚期，弗洛伊德就越为经济问题着急。

若要以他开业所得的积蓄来结婚，起码要好几年才能办到。所以，结婚的费用，看起来几乎要全靠玛莎家里的钱。

结婚后建立家庭所需要的家具，需要花相当多的钱去购置。他为此四处借钱，但结果又不理想。更糟糕的是，他获知自己 8 月份又要去服兵役。在服兵役的时间里，他不但没有收入，而且还要自掏腰包付路费。

在弗洛伊德订婚后的那段时间里，弗洛伊德几乎没有一刻不在心中盼望早点结婚。他尽一切努力朝着这个方向前进。他一心想成名，希望得到更多的收入，有个安定的生活环境，能够和玛莎早日结婚。

但是，那几年的状况始终没有得到彻底的改善。所以，对他来说，这是一段在经济上艰苦奋斗的岁月。

弗洛伊德自己曾经算过好几次账，要想在结婚后有安稳的第一年，非得要有 1000 美元不可。但是，直至结婚的那一年，他才筹备了不到 500 美元。好在那时候玛莎那位富有的姨妈李·劳贝尔及时慷慨地资助了他们，给他们提供了 3 倍于此的嫁妆费。

弗洛伊德决定把婚期定在 1887 年 6 月 17 日，也就是他们订婚 5 周年纪念日。玛莎很同意弗洛伊德的安排，这使弗洛伊德再次找到当初玛莎答应他求婚时的那种感觉。但是，不久弗洛伊德就获知他已得到资助赴巴黎深造的消息，所以他决定改变预定的婚期。从巴黎回来后，他决定在维也纳开业。等一切都安排就绪以后，再同玛莎结婚。

结婚时，弗洛伊德正好 30 岁，玛莎正好 25 岁。他们非常般配，弗洛伊德容貌本就英俊、身材更显瘦长，五官也很端正，特别是那一对乌黑乌黑的眼睛炯炯有神，在玛莎的陪伴下，弗洛伊德更显英气不凡。

经过百转千折之后，这对有情人终成眷属。

从职业医生做起

1882 年 7 月，弗洛伊德正式到维也纳全科医院工作。开始时，他担任了外科医生。

因为感到太疲劳，也许是弗洛伊德意识到筹备婚礼需要高额存款，在担任外科医生两个月后，在西奥多·梅纳特的推荐下，弗洛伊德于同年 9 月当上了著名的医生诺斯纳格的诊疗所的实习医生。

诺斯纳格医生是 1882 年刚从德国到维也纳来的著名内科医生。他自己遵循着一整套极其严肃、一丝不苟和精益求精的工作作风。

诺斯纳格对他的助手们说："凡是想要每天睡 5 个钟头以上觉的人，都别研究医学。每个医学学生，每天要从早晨 8 点起听课，一直听到下午 6 点钟；然后，他必须回家继续研究至深夜。"

诺斯纳格的高尚品质博得了他的学生、助手和病人的钦佩，弗洛伊德很尊重诺斯纳格。但是，弗洛伊德迫切地感到：他不能继续把大量的时间耗费在日常的看病活动中，而应该在看病之外有更多的时间来研究病人的病例。

1883 年 5 月，弗洛伊德进入梅纳特的精神医学科，前两个月在男病房，后 3 个月在女病房。

同年 10 月，他转入皮肤科，后来又转入神经科，一直待到 1885 年夏天，他才离开总医院。

西奥多·梅纳特同弗洛伊德以前的老师布吕克一样，是著名的神经病学专家，他在维也纳大学医学院兼任教职。弗洛伊德大学时代很喜欢听他的课，并且从听他的课开始对神经病学发生了兴趣。弗洛伊德曾说，他对梅纳特的崇拜达到“五体投地的程度”。

梅纳特是当时最著名的脑解剖学专家，他对大脑神经错乱症颇有研究。所以，在医学上把这种病例命名为“梅纳特精神错乱症”。

患有这种病的人，有严重的幻觉出现，以致精神错乱、意识颠倒。这是以后数年弗洛伊德研究潜意识及各种变态心理现象的开始。

在梅纳特精神医学科的 5 个月，是弗洛伊德在总医院中获益最多的一段时间。他的美国翻译家朋友布里尔指出：“如果他自己去摸索精神医学，一定会失望，可能早已打退堂鼓了，回到他早先想研究的法律上去了。”

5 个月即将结束时，弗洛伊德去拜访布里尔说：“我应该集中精力成为一个专业精神病学家呢，还是应该朝一般医学上谋求发展呢？”

他显然比较喜欢专攻精研，但是他知道那样一来会把自己局限在维也纳。而一般医学的机会就多得多了，能使他早日有能力结婚。布里尔的意见是要他先不要那么早作决定，而是慢慢考虑真正能吸引他的学科，然后再去专攻，并且要他接受终究必须要做普通医生的事实。

拜访布里尔后的第二天，弗洛伊德申请转到神经科。1884 年元旦终于正式进入神经科。不久，有两位医生被派去奥地利边境消灭霍乱，因此他便被暂时委任为主治医师，负责管理 100 多个病人、2 个护士和 3 位医生。

弗洛伊德在维也纳全科医院的 3 年工作期间，始终都以饱满的热情进行临床医疗实践和研究工作。他虽然接连从医院的一个部门转到另一个部门，但他的工作和研究重点和他的主要兴趣，始终都是神经系统的疾病。

他在诊疗时间外的研究工作，重点也是神经系统方面的生理结构和机能。他先后跟随了像梅纳特和布洛尔那样的著名神经科专家，先后研究了神经纤维、神经细胞、神经错乱症以及麻醉神经的可卡因，取得了很大成就。

他在《自传》中写道：

> 以某种意义而言，我对于原先起跑的那项工作已经失去了信心。布吕克为我指定的题目是最低等的鱼类的脊椎研究。如今，我开始转向人类的神经中枢系统的研究……我之所以选择神经中枢作为我的唯一研究对象，其实也表明了我的发展的连贯性。
>
> 和我初入大学时无所不学的情形相反，我如今却产生专注于一项工作和一个专题的倾向，而且这个倾向一直继续下去……
>
> 这时，我又恢复在生理学研究室工作，起劲地在从事脑解剖研究工作。在这些年里，我发表了好些有关髓脑内神经核及神经通路的研究论文……
>
> 从实用的观点来看，脑解剖的研究绝不比生理学好。

再加上我考虑到材料来源问题，所以，我就转而开始研究神经系统的疾病。在那时候的维也纳，还很少有这一医学分支的专家，所以可供研究的材料都散见于医院的各个科，而且也没有学习研究这方面学问的适当机会，只好靠无师自通的方法去学习。即使是不久前专门研究这方面的诺斯纳格，在其脑部位方面的著作中也还不能把脑神经病理从其他医学分支中分离出来……

在第二年，我还是继续担任驻院医师的职务。我发表了不少有关神经病的临床观察报告。渐渐地，我对这方面的疾病已经能驾轻就熟，甚至我已能很准确地指出在延脑中的病灶位置。使得病理解剖的先生们，对我的临床分析毫无补充的余地。同时，我又是在维也纳第一个把诊断为急性多发性神经炎的病人送请病理解剖的人。

从1882年至1885年，弗洛伊德在医学实践中，对人类神经系统的疾病有了特别深刻的认识，取得了初步的研究成果。他的这些研究成果总结在他这一时期内所发表的几篇学术论文中——《喇蛄之神经纤维及神经细胞的构造》、《神经系统诸要素之构造》和《论可卡因》。

神经衰弱如同其他神经系统疾病一样，可以使人的精神萎靡不振。而可卡因可以振奋人的精神，弗洛伊德曾经亲自服用可卡因，检验可卡因对人的神经系统所起的振奋作用。

他在一封给玛莎的信中说道：

在我最近患神经衰弱症时，我再次服用古柯，而很少量的药剂就可以给我提神达到很兴奋的程度。我现在就是正在收集关于这个富有魔力的物质的资料。

与此同时，弗洛伊德向一位年轻眼科医生建议用可卡因作为眼科手术的麻醉药。不久，他得知他的另一位朋友、眼科医生卡尔·柯勒已经成功地把可卡因用作眼科手术的麻醉剂。

原来在这段时间里，弗洛伊德开始对一个德军春季演习的实验报告产生浓厚的兴趣。阿森布兰德博士用可卡因——从古柯树的叶子提炼出来的兴奋剂，用来治疗生命垂危的士兵。

虽然可卡因在南美洲被印第安人广泛使用，但在欧洲却一向被忽略，直至很长时间以后才被苏格兰的医师克里斯特生拿去做试验，结果竟使他返老还童，走路比任何人走得更快，跑步和爬山也比别人强。阿森布兰德首先认真地试验这种药，发现“巴伐利亚的士兵，因为过度辛劳而疲惫不堪，但是用了可卡因以后，就能精力充沛地参加演习和行军”。

在现代医学中，可卡因又叫作古柯碱，是人类发现的第一种具有局部麻醉作用的天然生物碱，为长效酯类局麻药，脂溶性高，穿透力强，对神经组织亲和性良好，产生良好的表面麻醉作用。其收缩血管的作用，可能与阻滞神经末梢对去甲肾上腺素的再摄取有关。毒性较大，服用小剂量时能兴奋大脑皮层，产生愉快感，随着剂量增大，使呼吸、血管运动和呕吐中枢兴奋，严重者可发生惊厥；大剂量可引起大脑皮层下行异化作用的抑制，出现中枢性呼吸抑制，并抑制心肌而引起心力衰竭。

可卡因从所应用部位吸收，在肝和血浆经酯酶水解代谢，代谢物经肾脏排出，部分还可通过乳汁排泄。可通过血脑屏障，并在中枢神经系统蓄积，急性中毒时脑中的药物浓度高于血药浓度，本品还可通过胎盘屏障。因其毒性大并易于成瘾，近来已被其他麻药所取代。临床上常用其盐酸盐制剂。

弗洛伊德在《德国医药杂志》上读到了阿森布兰德的研究报告，决心推介这种目前还鲜为人知的药。在 1884 年 1 月底以前，他自己证明阿森布兰德博士的结论是正确的。于是他开始将可卡因赠给朋友、同事和病人，自己也重复地做试验。

除了做试验外，弗洛伊德同时尽可能地阅读所有关于可卡因的资料。他把结果归纳起来，在 1884 年 7 月发表了一篇报告，叙述可卡因早在美洲原始部落得到广泛使用，然后才传到欧洲的历史。接着他讲到可卡因在动物和人类身上的效果和他自己试验的结果。

他的结论是：

> 可卡因可以作为兴奋剂使用，它的主要目的是，在一段短时间内可加强体力，并且保存一些力量，以备将来的需要，而且它还具有麻醉效果。

报告写好以后，他开始准备等待已久的旅行，到温斯柏克去和久别的玛莎会面。他俩已经整整一年没有见面了。当 9 月初他离开维也纳时，脑子里只有早日见到玛莎的念头。

弗洛伊德继续服用可卡因一年多后，发现这种药对自己没有什么副作用，于是弗洛伊德把它用作局部性的麻醉药，而且逐步推广开来。

但是，后来人们逐渐才认识到可卡因比其他药剂更容易使人上瘾，而且更具有危险性。相应而来的，反对可卡因的运动出现了。

最著名的批评者是尔仁梅耶博士，他在 1886 年 5 月说自己很庆幸没有被推荐用可卡因来戒除吗啡。后来他还形容可卡因是“人类的第三大祸害”，于是弗洛伊德受到的攻击便越来越多。

可卡因对人类的祸害非常巨大。因为可卡因成瘾性强，并对吸食者产生健康伤害，1914 年，美国即宣布可卡因为禁药，该禁令延续至今。与美国相同，至今绝大部分国家都将可卡因视为毒品。

在巴黎拜师学习

弗洛伊德在维也纳当医生的时候曾经写道：

> 那时候，在维也纳的医学界很少有精神医学方面的专家，研究资料和文献分散在医院的许多不同部门里，没有令人满意的学习机会，我们不得不自己摸索前进。
>
> 遥远的巴黎有沙考特医生的大名在闪烁，因此我想好了，首先要设法获得在维也纳大学担当脑神经病理学讲师的职务，然后再到巴黎去继续深造。

1885年9月，弗洛伊德成为大学里的讲师，因此他得到了一笔旅行津贴，他终于可以支付渴望已久去巴黎拜访沙考特的路费。并且他决定冒一次险，于是在去往法国之前辞去在总医院的职务，准备回国后另立山头，自己开业行医。留学奖学金是240美元，可以足够维持弗洛伊德6个月的学习和生活费用。

弗洛伊德从维也纳大学的神经学系教授莫里兹·班尼迪克特那

里得到了一封给沙考特的介绍信。

弗洛伊德离开了维也纳，开始了他一生中最重要的旅行。他要在去巴黎之前，先到温斯柏克和女友玛莎会面。6 个星期后，他到达温斯柏克。这次和他 3 年前的秘密造访迥然不同。

这时候的弗洛伊德不再是一个刚刚从医学院毕业的 26 岁不知何去何从的学生了，如今他已经是维也纳大学的讲师。即使他的天才还没有显露出来，但至少他已经隐约表现出那种成功的专职人员的气度。

弗洛伊德在温斯柏克过得很愉快，他和玛莎度过了整整 6 个星期。1885 年 10 月 11 日，他向巴黎进发，开始在沙考特的门下进修，发展自己的伟大事业。

弗洛伊德在 10 月 13 日抵达法国的首都巴黎，投宿在拉派艾克斯旅社时，惊喜地发现玛莎的信先他而来，于是他马上回信。

巴黎令弗洛伊德眼花缭乱，也让他更想念玛莎，希望她能陪在自己的身边。开始时他坚持每隔一天就给玛莎写一封信，后来也就越来越少。

在接下去的日子里，他尽力去适应巴黎当地的环境，四处找比较便宜的住所。晚上他还要安排时间去戏院看戏，不为了休闲享乐，而是希望借此能尽快学好法语。

10 月 19 日，弗洛伊德认为万事俱备，就去沙比特里尔医学院。但是他出门时把班尼迪克特为他写的介绍信落下了，他只好决定再等一天才去见沙考特。他开始想家，想玛莎，这让他极端沮丧。

他后来对这段时间写道：“不是为了科学的话，这个地方真不值得我停留。”

但他在一天内就有了天翻地覆的想法。10 月 20 日，弗洛伊德进入了沙比特里尔医院的大门，接下来的4个月生活将会彻底地改变他的命运。

沙比特里尔医院建造于法王路易十三世当政时期，最初是用来收容乞丐、妓女和疯子，后来成为巴黎最大的妇女救济院。

1850年以后，它容纳了四五千人，但却没有医院的样子，而极像恐怖的“疯人院”，但是沙考特在此做了一些变动。他被聘为复健部的主任医师后，在里面增加了教育和训练单位以及许多实验室，并设置了歇斯底里症病人的病房。在1885年，他把这个机构变成了欧洲最著名的神经病理学研究中心。

弗洛伊德抵达沙比特里尔医院时，医生和门诊病人正在闲谈，他注视着正在为病人看病的沙考特的第一助手派里·马力，周围还有一群客座医生。

10点钟时，沙考特便来了。沙考特看上去像个运动员，身体健壮，脖颈也很粗，他的相貌给人印象深刻。他的皮肤很白，胡须也刮得很干净，额头很低，眼睛明澈，鹰钩鼻，敏感性格者的嘴唇，很有古罗马帝国国王的王者之相。

他生气时，眼睛发出闪电般的光芒让人不寒而栗，看过他这种眼神的人绝对忘不了。他的声音听起来就像权威，语气严厉，常常还很辛辣。

那天早上，在看完所有的门诊病人后，沙考特叫弗洛伊德走上前来，看了看班尼迪克特介绍信上的签名，邀请弗洛伊德陪他巡视医院。

那天晚上，弗洛伊德写信告诉玛莎说，一切都没他想的那样糟糕。派里·马力向他保证，他会得到必需的材料以便开始工作，沙考特自己写了一封信给一个同事，请求他供应儿童的大脑以便弗洛伊德研究他们病发后的萎缩和退化症状。

在到沙比特里尔医院以前，弗洛伊德曾考虑是不是应该选择柏林作为研究的地方，因为这样他便可以和玛莎共度每个星期天。但是他很快就打消了那个念头，那天晚上他回到住处后，就写信向远在温斯柏克的玛莎诉说内心的喜悦。

每逢星期一，沙考特都会向他的病人作公开演讲会，弗洛伊德也会参加；每逢星期二，弗洛伊德会观察门诊病人；每逢星期三，沙考特会巡视病房，在他的监督下，弗洛伊德能仔细地观察和检查病人，并注意听沙考特对他们所作的诊断。

现在，弗洛伊德的兴趣开始发生变化。尽管沙比特里尔的每个人都帮助他，但 12 月初他就决定放弃实验室的工作。事实上，他在第二年的头几个星期继续在实验室工作，他在写给玛莎的长信中说他回到维也纳时会选择解剖工作。

对沙考特的工作，弗洛伊德只观看了一星期左右。虽然他专注于生理学的工作，但逐渐地对心理学也产生兴趣。

至此，概括地说，吸引弗洛伊德注意的是神经性病症。精确地说，是歇斯底里症。

当时，一般人仍然认为，神经性疾病仅仅是神经系统功能受阻碍的结果。医学家认为，这些病症几乎会以任何征兆表现出来，而这些复杂的征兆不是解剖后就能知道的。极少有医生愿意花时间在这问题上，而且大多数人认为这是无须热心研究的主题。

关于歇斯底里症，有些人仍然承袭了希腊人的看法，认为是子宫的功能失调引起的，按照这种说法，只有女人才可能会生这种病。但是，早在 17 世纪，却尔斯·里波斯就曾宣布歇斯底里病症的成因在脑部，因此男人和女人一样，都可能会患上这种病。事实上，男性患歇斯底里症的情况也不罕见，而且在 18 世纪和 19 世纪，男性患者的数目还在逐渐增加。

沙考特不久就发现，歇斯底里病症者的各种症状，可以分类为不同的组别，每一组都有它自己的因果规律，因此可以辨明各个阶段的歇斯底里症状。谈到这种病的成因，沙考特相信，一次引起心理上损害的偶发意外，可能就是歇斯底里病症者的触因，而它的发展则是因为大脑里的遗传因子受到损害引起的。

不管后人怎样评价沙考特，但他对歇斯底里症的研究令弗洛伊德深受启发，也引导着弗洛伊德走向他一生中最重要的工作。若无沙考特的指导，就没有弗洛伊德日后发现精神性疾病与肉体的痛楚的关联。

1884 年 12 月中旬，弗洛伊德写信给沙考特，请求同意把他的法文讲演词翻译为德文。为了证明他的德文文体的优美，弗洛伊德还引述了他以前曾翻译过一些作品。

两天以后，弗洛伊德写信告诉玛莎，沙考特不但同意他翻译一卷，而且将尚未出版的另外一卷论文也交给他进行翻译。他告诉她说："这件事让他非常高兴，也一定还会让他声名远扬。即使花几个星期的时间，甚至倒贴几百基尔德对他来说都是值得的，何况我还有几百基尔德的稿酬呢！"

如果说在这以前弗洛伊德研究神经病系统的重点是一般的神经系统病理和组织学的话，那么，从他向沙考特学习开始，他的研究重点就转向神经病治疗学。

弗洛伊德写信给玛莎说道：

再也没有别人如此深刻地影响着我，不管我自己是否认识到这个种子会长出丰硕的成果，反正沙考特已成为了我最尊敬的一位学者。

正是在这里，弗洛伊德第一次看到催眠术的神奇功能。第一次看到了精神刺激对于身体的控制作用，以致人的肉体可以不自觉地、无意识地接受精神刺激的摆布。

只要出现肉体上的病症，就可以引起各种行为反应，而这些反应都是未经深思熟虑的。弗洛伊德参加了沙考特的一系列实验和讲演，从这时候起，他开始思考着无意识的存在的可能性，而这种无意识的精神活动所起的作用同有意识的思考是根本不同的。

我们将会看到，对这种无意识的精神现象的深入研究，成了弗洛伊德的整个精神分析学的基本出发点之一。

弗洛伊德在自己的信中，多次高度赞扬了沙考特的学风和治学精神以及工作态度。弗洛伊德说，沙考特对病人抱着高度的热情，深切地关怀着病人的痛苦。

弗洛伊德把沙考特的这种工作态度同维也纳的医生的麻木不仁和浮皮潦草的态度加以对比。在弗洛伊德带回维也纳的一张反映沙考特的工作态度的石版画中，可以看到沙考特正在帮助他的学生和助手扶持一位处于半昏迷状态的女病人。

弗洛伊德的大女儿后来回忆说道：

> 每当她看到这张图片，总是激起她的上进心和责任感，鼓励着她奋不顾身地去工作。她爸爸多次指着这张画，教育她要学习沙考特的谦逊、热情和严谨的治学精神和工作态度，以致在她的记忆中留下了永不磨灭的印象。

沙考特接受了弗洛伊德的自荐，并同意他翻译两卷文献后，就把他带进了一个新的社交圈。每个星期二的晚上，在沙考特的家里都会举行巴黎各界名流举行的招待会，出席的人都颇有来头。

弗洛伊德是第一次参加这样的招待会，紧张得不行，只好服用可卡因来壮胆。

他写信告诉玛莎：

> 我的服饰很整洁，只不过我把那条倒霉的白色领带换成一条从汉堡买来的漂亮黑色领结。这是我第一次穿燕尾服，我为自己买了件新衬衫和一双白色手套，因为那双旧的手套已经不太好看了。
>
> 我理了发，把我杂乱的胡须剪成法国式。这一天晚上我花了 14 法郎，虽然这让我有点心疼，但我的仪表非常得体，别人对我的印象也很不错，就觉得这钱花得值了。
>
> 我在招待会上喝了些啤酒，也喝了一些咖啡，感觉自己抽起烟来的样子也很潇洒，从始至终我都感觉自己是非常自在的，没有出什么差错。

据弗洛伊德自己说，那晚，他曾一度成为大家瞩目的焦点。他骄傲地向玛莎报告说："以上这些都是我的成就，或者是可卡因的成就，使我非常满意。"

弗洛伊德在巴黎的时候，几乎每天都会给玛莎写信，很生动地描绘出一个与维也纳截然不同而令人兴奋的都市生活情况，并流露出急切希望受人关注的心情。当他发现沙比特里尔医院的来宾都已听说过他的关于可卡因的报告时，感到非常高兴。他对自己的信心一天比一天强大，并从自信迅速膨胀成自大。

弗洛伊德在结束巴黎的研究工作，返回维也纳的路上，他经过柏林，在亚多佛·贝金斯基的诊所里，继续研究儿童的精神异常症。他对玛莎说："只要他们的脑子没有疾病，这些小家伙实在是很可爱。但是他们一得病，就令人惋惜了。我想我不久后就可以在儿童医学上谋求发展了。"后来，他又改变了主意。

弗洛伊德回到维也纳以后就把精力集中在沙考特的工作上，研究他曾经在沙比特里尔医院目睹的特别景象和它们的应用。

弗洛伊德从沙考特那里学习到不少东西，而其中给予他最深刻印象的是沙考特关于歇斯底里病症的治疗成果。

弗洛伊德在他的《自传》中说道：

> 和沙考特在一起给我印象最深的，是他对歇斯底里病症的最新研究，尤其是有一部分是我亲眼看到的。比方说，他证明了歇斯底里病症的真实性及其合理性。
>
> 他指出了歇斯底里病症也常常发生在男人身上，并且以催眠暗示等方法引发歇斯底里性的麻痹和强直收缩，从而证明这种人为的歇斯底里病症和自发性的症状发作，没有任何细节上的差异。
>
> 沙考特的许多教范，先是引起我和其他人的惊奇，继而发生怀疑，使我们想办法去应用当时的学理以求证实他的学说，而他在处理这一类怀疑时，永远都是那么友善，那么有耐心。但是，他有时也是最武断的一个人。
>
> 在我离开巴黎之前，我曾和这位了不起的人物讨论把歇斯底里性麻痹症同机体性麻痹症作比较研究的计划。我

希望能建立一个学说，主张以一般的界限概念，而不是以解剖学上的事实作为划分歇斯底里麻痹症与身体各部分的感觉障碍症的根据。

他虽然赞成我这个看法，但显然地，他实际上并无多大兴趣对精神性疾病作进一步的探索。因为他的一切工作的出发点，还是病理解剖学。

弗洛伊德现在已经30岁了，尽管在维也纳有了一些从医经验，但他目前对精神病学仍只有最起码的接触。乍看之下，他似乎不足以胜任现在所要从事的医务工作，但事实上并非如此。他所需要的是传统训练的稳定基础，以迎接摆在他面前的漫长岁月。

弗洛伊德回到维也纳以后，就正式担任儿科疾病研究所的神经病科主任。在那里，他工作了很多年。与此同时，他在维也纳正式开业行医。

成立个人诊所

弗洛伊德去巴黎时，是一个初出茅庐的神经病理学学者，迫切希望在沙比特里尔医院学到有关神经系统解剖的全部学问。

他回来时，对这方面的兴趣或多或少地有所提高了，并且在沙考特出神入化的教导影响下，他决定集中精力研究精神问题，尤其是歇斯底里病症的问题。他由一个基础精神病学的学生，转变为动力精神病学的提倡者。

弗洛伊德体会到：对歇斯底里病症的了解，是开启人类思维谜团的钥匙。他准备在维也纳开办自己的精神病诊所。开业时采取革命性的新态度。但是，他得先为同事们准备一份报告，叙述他在巴黎和柏林的所见所闻。

3 个星期之后，他就完成了一份 12 页的报告。文中他直言不讳地说在梅纳特门下学习以后，发现已不能在任何德国大学里学到真正的新东西了。紧接着，他强调以梅纳特为代表的德国学派，与沙考特领导的法国学派之间的不同。

他说："我认为，法国的神经病理学派，似乎推陈出新，呈现出特殊的工作模式。此外，他们还为神经病理学的研究揭开了新的曙光。这些都值得德国和奥地利的科学工作者学习。”

医学博士西格蒙德·弗洛伊德——维也纳大学神经病理学系的讲师，开始执业了。这是1886年4月份的事。他的诊所设在拉瑟斯街7号。

他宣布开始门诊的第一天，竟然是复活节。那是一个令人不可思议的开张日子，因为它是一个公定的假日，各行各业和政府机关都不办公，甚至城市里的每个急诊处都没有人值班。一年之中，除了圣诞节之外，这一天是最不适合一个医生开业的。有许多人猜测，他之所以选择这一天或许是因为他极不喜欢天主教教会的原因。

弗洛伊德的前途并不被看好。他的医学技术还不成熟，还不是著名医生，而且也没有什么资本可以帮助他度过营业上的淡季。

此外，他浪费了许多时间迂回地进入医学这一行。他曾涉足药剂学、医事技术和小儿科疾病。如果他在任何地方曾显示出聪敏的火花，那也似乎只能是昙花一现。

虽然他现在专攻神经病理学，一厢情愿地以为可以在维也纳一展所长，可是不久后他却偏重于使用那种令医学界同事不信任以及病人不接受的诊疗方法。

他的犹太人身份对他也有影响。自从1873年财政危机以后，反犹太人的情绪不断地滋长着。弗洛伊德开业的前几年，在维也纳以东40千米的普力斯堡，就发生过反犹太人的暴动。刚开始，他想先在维也纳开业两个月试试看，如果失败了，可能会移居美国。

他后来回想到和玛莎一起时的情形说：“我们两个人都一无所有，更确切地说，我有一个人口众多而又贫苦的家庭，而玛莎只从她叔父那里继承了3000多块钱的财产……”除了打算移居美国，他还想投奔到英国的两位同父异母的哥哥那里，或者搬到奥地利的小镇上去。他对维也纳已没有什么特别的留恋。

可是他的想法终归是一时的冲动，最后，他还是留在了维也纳。几乎没有多少同事能想象得到，这个雄心勃勃的医生，竟然会在奥地利的首都执业超过半个世纪。

5月份时，弗洛伊德向生理学学会演讲催眠术，他对玛莎严肃地说，月底时他还会在精神治疗同业会以及医学会作同样的演说。他说：“现在，维也纳已经战云密布了。”

事实上，现在已经有不止一场的战斗在进行了。那些批评弗洛伊德不应提倡催眠术的人，不久又抓住了另外一个把柄。5月底，尔但梅耶发表了第二篇文章，再度警告使用可卡因的危险，并且对弗洛伊德进行了猛烈的人身攻击。

弗洛伊德很快发现，招来众多敌人的最主要原因，是他赞成使用催眠术。刚回到维也纳时，梅纳特曾应允弗洛伊德使用自己诊所里的设备。但是当梅纳特知道弗洛伊德将继续使用催眠术时，就变了卦，并直截了当地表示不再欢迎弗洛伊德。

弗洛伊德就在这种不被理解纷至沓来、心神不安的气氛下，开始一步步地建立起他自己的事业。

最初的几个月——我们现在所知道的情形，是来自他寄给在温斯柏克的玛莎的书信——正如我们想象的，他有各式各样的病人，但绝不是每个人都有他特别感兴趣的精神病。不过，至少在秋季时，他的兴趣都集中在歇斯底里病症的治疗上。

他在1886年10月13日写信给卡尔·库勒说道：“如果你想要送我一个我急需的东西，我希望是一台视野测定器。因为对一个以研究歇斯底里病症为主的医生来说，如果没有视野测定器，我们就不能放手工作了。”

尽管他专注于这一方面，但也非常高兴有更多的普通病人。因为，如果他的精神病研究，尤其是歇斯底里病症的工作不能收到预期效果，他还可以从普通病人那里获得生活保障。

有时候，候诊室里坐满了病人，不过他曾向玛莎诉苦说道：“大部分人都付不起钱。”有时候，他显然拮据得狼狈不堪。

他写道：

> 我在这里每一分钱都得算计，曾被请到遥远区域去为一个熟人看病，当然是没有报酬的，光是走路我就花了两个小时，因为我没有钱坐车。
>
> 今天也是一样，当我回到家，看到有人留下一张字条，要我赶去急诊，当然，我必须搭车去。这样一个来回我一连3天节省下的晚餐钱就报销了。

但是在给卡尔·库勒的信中，他却描述出截然不同的乐观景象，“无论如何，事情比我原来想象的要好得多，我不想推测到底这是布洛尔之助，还是沾了沙考特的光，或者因为我自己是一个杰出的人。我在三个半月中赚了1100块钱。我想，如果情况继续好下去，我就可以结婚了。”

就在这时候，玛莎又得到了另一份遗产。因此，他们两人有勇气定下结婚的日子了，并预定在德国举行婚礼。弗洛伊德本来打算，只要公证的仪式就够了，但是玛莎提醒他说：“虽然在德国举行一个简单的仪式就过得去，但是奥地利法律规定，必须举行宗教仪式的婚礼。如果我们不这么做，回到维也纳定居时，政府是不会承认我们已经结过婚的。”

弗洛伊德对宗教仪式深恶痛绝，但是后来却被新娘的舅舅伊利亚斯强迫，进行了犹太人的正统婚礼仪式。

在新婚生活的最初的几个星期里，弗洛伊德夫妇不得不面对许多问题。其中之一是缺少金钱，而弗洛伊德在新居第一天执业时，没有足够的椅子给病人坐，玛莎只得向邻居借来。

毫无疑问，他们夫妻生活得很快乐，但是仍有一些小问题，其中一件就是弗洛伊德不喜欢某些犹太人的规矩。玛莎的一个亲戚后来写道：“我记得很清楚，玛莎告诉我说：弗洛伊德在他们婚后的第一个星期五晚上，不许她点燃安息日的灯，这是她一生中颇感懊恼的事情。”

他们的婚姻可以印证一句话：成功的男人背后，总有一个女人在支持他。身为女主人，玛莎完全依照他的职业要求来理家，她对于精神分析所持的态度是：忠诚地隐藏住她的怀疑，只是轻描淡写地对一些访客发出无关痛痒的牢骚。

玛莎说：“你真的相信一个人可以用精神分析对待小孩子吗？我不得不承认，如果我不知道我的丈夫对于他的研究是如此认真和执着，我就会认为精神分析是一种淫秽的东西！”

玛莎建立起他们非常舒适的家庭，并默默地做一个顺从的妻子。弗洛伊德晚年时，仍然认为那是任何一个成功的妇女命中注定的角色。

同年 10 月 15 日，弗洛伊德向一群听众包括维也纳杰出的神经病学专家发表了《论男性的歇斯底里症》的演说。

这时候，关于歇斯底里病症的争论，主要集中在“心态的来源”这方面。这个观念已经为许多英国医生所接受，也受到了沙考特的支持；但在德国和奥地利却被人议论纷纷。弗洛伊德特意选择这个时机来宣读他的论文。

他开始叙述他在巴黎的求学经验，接着详述一个歇斯底里病症的病例：一个病人从建筑物的脚手架上摔下后，有一只手臂麻痹了。后来被弗洛伊德证实，这个受伤很重的男性歇斯底里病症者，是由于精神上的打击而麻痹的，而非肉体上的伤害。

弗洛伊德说：“这次大家都为我鼓掌，但是没有进一步的兴趣……不久以后，我被排除于脑解剖的实验室外，没有人再邀请我去演讲。从此我退出了学术界圈子，不再加入知识分子的圈子，长达20年之久。”

维也纳人对弗洛伊德不太关心，他们已经知道，他大胆地坚持自己的观点是对的，但是他们对歇斯底里病症的研究尚存观望心理。此外，一位法国心理学家和神经病理学家派里·珍尼特的崛起，使弗洛伊德终其一生和他打“游击战”。弗洛伊德发表研究报告以后，两人就展开关于学术地位的激烈辩论，两人彼此指责对方抄袭剽窃。弗洛伊德晚年的故事里对此比较介意，两个人到死都相信自己是无辜的。很可能两个人所说的都正确。

当弗洛伊德的事业尚在初创阶段时，在这冷漠的环境中，对他帮助最大、影响最深的是他结交的一位忠实朋友。这个人就是弗莱斯，是一位年轻的柏林医生。经由布洛尔的推介，弗莱斯开始去听弗洛伊德偶尔在大学里作的演讲，尔后两个人在1887年11月首次见面。不久就开始通信，以后两人一共写了几百封信，通过这些书信，我们可以了解早期心理分析学形成的过程。

弗洛伊德和弗莱斯的感情联系，至少有一个完全合理的解释。

他们首次见面后不久，彼此都知道对方正在研究一种容易引起争论的新观念，而且两个人都是犹太人，因此觉得不会被对方嘲笑。他俩开诚布公地交换研究成果、假设、怀疑和希望，真是最自然不过！他们如流水般的通信，显示出两个人彼此互助的友谊。弗洛伊德承认："我的朋友比我更有远见。"

除此之外，弗洛伊德在奋力发展事业和钻研人类思维运动时，也急需弗莱斯的精神支持。在弗洛伊德开业的刚开始10年，他开始缓慢而稳健地以引起社会争论和医学界关注的方法来医治日渐增加的病人，最需要的是别人的了解、鼓舞和支持，而这些，弗莱斯都毫不吝惜地给了他。

弗洛伊德开业的早期，医治精神病人所使用的方法，与其说是引起争论的，倒不如说是非传统性的。方法之一的电疗法，是威汉·耳勃提出的，他是德国人，他使神经病理学成为一种专门的学问。耳勃为病人治疗时，把电极放在病人身体的各部分，用轻微的电流使病人产生发麻的感觉或肌肉的痉挛。另外一种电疗的方法叫作威尔米契系统，包括在床上休息、隔绝、按摩和电疗，完全以严格规定的方法进行。

1887年快结束时，弗洛伊德沉醉于催眠术。但是，他并没有完全放弃威尔米契系统。偶尔，他两者并用，以辅助心理治疗的不足。他解释说："这样对我有好处，一方面可以避免在心理治疗中病人以为我乱出花样而产生不良印象；另一方面免除了平躺式治疗的烦闷，使病人不致陷入白日梦的习惯中，这是屡屡可见的事实。"

弗洛伊德最初所使用的催眠术，是模仿沙考特的。他使一个病人昏迷，然后向他表示：当你恢复到正常知觉时，某些症状就会消失。但是，不久以后弗洛伊德又使用另外一种截然不同的方法——

他要求病人回忆症状是在何时首次出现的。

这种方法源于19世纪80年代初期，由布洛尔主治的一个病例。他们师承的关系是如此的直接，以致许多年后，弗洛伊德在美国的克拉克大学演讲时曾开门见山地宣布："如果以出现症状时的详细情景心理分析为一项成就，那么这项成就并不属于我，因为在它草创之初，我并没有参与。那时（在1880年至1882年）另一位维也纳的医生约瑟·布洛尔博士正在一个患歇斯底里病症的女孩子身上使用这种方法。而我当时只不过是一个学生，正在准备毕业考试而已。"

在梅纳特诊疗所，弗洛伊德第一次亲自得来精神病治疗经验。在工作期间，弗洛伊德深受他的老师梅纳特的高尚品质感染。此时，他每天工作7个小时，并用剩余时间大量研读有关精神病的著作。这时候，弗洛伊德已经显露出从事精神病研究工作的卓越才能。

至1885年2月，全科医院院长通知弗洛伊德说，神经病科主任希望他离开那里，这显然是弗洛伊德与这位神经病科主任的矛盾的表面化和尖锐化。

在此以前，神经病科主任舒尔兹一直对弗洛伊德有意见。舒尔兹是一位心胸狭窄、无所作为的医生。他不希望弗洛伊德长期留在神经病科，因为他看到弗洛伊德在神经病方面的研究成果不利于巩固他自己的主任职位。

就这样，弗洛伊德满怀怨恨地转入该院眼科。在这里，他工作了3个月。1885年4月，弗洛伊德的父亲的一只眼患病，几乎失明。弗洛伊德同他的同事、眼科医生柯勒一起去诊断，他们诊断的结果是青光眼。

第二天，弗洛伊德请另一位更有经验的眼科医生柯尼斯坦给他父亲的青光眼动手术，手术是很成功的。弗洛伊德、柯勒和柯尼斯坦三人都是应用可卡因的先驱。弗洛伊德为自己能与同事们一起使用可卡因给患病的父亲做成功的眼科手术而高兴。

弗洛伊德三年里在医院的各个部门都工作过，因此在医学的各个方面都得到了充分的训练。在院实习期间，他发表过一些有关可卡因的综合性研究成果，引起了医学界对这种药物的注意。

在弗洛伊德担任神经病科医生期间，他的兴趣主要集中在神经病病理学方面。他在这段时间内，曾连续在《医药科学中心杂志》、《解剖学和生理学文库》以及在英国伦敦出版的《大脑》杂志上发表了多篇学术论文，受到了神经病理学界的广泛重视。他的论文很快被译成捷克文、英文、意大利文与俄文。

弗洛伊德一生的主要奋斗目标——研究神经病和精神分析的事业正式开始了。

探究各种精神疾病

有一天，弗洛伊德雇了一辆马车去看病人。诊疗过后，开始在城中心漫无目的地散步。

无意间他发现自己站在一幢建筑物的外面，那里有一幢公寓要出租。他突然觉得那屋子对他有一股巨大的吸引力，随即进去，看了后认为它很适合他家的需要，立即签下了租约。

回到家，他告诉太太已经找到他们理想的新居，位于柏格街 19 号，并且当天晚上就领她去看。玛莎显然很震惊，因为房子附近住的都是贫民，楼梯是石造的，又暗又陡，房间又不够多。但她没有抗议，她知道，她丈夫不但已签了租约，而且整个心都放在那幢房子上了。

这个新居接近维也纳大学和总医院，便于弗洛伊德随时进行医学研究。弗洛伊德一家人很快地搬了进去。起初他们只住一幢公寓，但是一年多以后，另外又有三间房子空出来，弗洛伊德就租下它们，作为心理治疗室。

弗洛伊德还没有放弃对解剖人脑的兴趣，在这方面他已经成为公认的专家了。在研究歇斯底里病症的同时，他仍然进行着人脑解剖，以享受表现权威的快乐和财务安全的保障。

19 世纪 80 年代，医生们认为“失语症”是某些脑细胞受到损害造成的。但是这种生吞活剥的解释，并不能说明疾病的各种不同症状。

在《论失语症》一书中，弗洛伊德从一个新的角度去探索，对许多不同的症状提出了功能性的解释。《论失语症》于 1891 年出版，大约有 10 年没有医学杂志理会它。但是，能出版就代表有进步。

进柏格街 19 号的头 10 年，是弗洛伊德一生中最重要的一段岁月。

在刚刚开始时，他的研究工作和行医生涯勉强还可以撑下去，但是饥一顿、饱一顿的，并不稳固。

《论失语症》一书并非如弗洛伊德所愿，并未得到它应受到的重视，但还是在同行中传开名声，因为他使用催眠术，许多医学界人士都对他仍然抱着不信任的态度。

对于催眠术，弗洛伊德早在自己的学生时代就已有所发现。他在《自传》中说道：

当我还是一个学生的时候，我就曾参观过催眠术专家汉森的当众表演，亲眼看到一个被催眠的人全身僵硬，脸色苍白，直至催眠术完全表演完毕才苏醒过来。由于这一事实，使我深信催眠现象的真实性。不久之后，海登汉给催眠术提供了科学的根据。

虽然如此，那些心理、精神病等学科的专家教授们，还是有一段相当长的时间不断地指责催眠术为欺诈，甚至把它说成是具有危险性的方法，非常瞧不起催眠术。

在巴黎就不同了，我见过催眠术被人自由地运用，去引诱症状的发作，然后又用它解除症状。此外，据最新的消息报道，法国的南锡还出现了一个新的学派，他们广泛而极为成功地应用暗示于治疗上面，有的就是借助于催眠。

但是弗洛伊德并不灰心，直至10年以后，人们终于恍然大悟，承认他在发展一种治疗精神异常的新方法。在医药界里，他正开始获得一席之地。但他自己并不满意，并未以此沾沾自喜，他认为还没有人真正赏识他的工作，自己依然任重道远，只有期望于未来让他的接班人来收获他的果实了！

前途的改观与进步，不是由于财富，而是由于弗洛伊德孜孜不倦靠对潜意识的研究去探索人类思维。弗洛伊德宣称：这种技巧可以改善或可以除去精神病的症状，这与50年以后，以放射线来治疗癌症的情形非常相似。

潜意识本身不是新的东西，但是把它用来当作治疗工具却是一项新发明。它由布洛尔在不经意中发现，后来由弗洛伊德用来治疗精神病。后来，这种治疗工具得到了发展，人们不仅知道了它可用于治疗精神病人，而且也认识到了它在日常生活上的功能，更懂得了它是文学和艺术上的创作源泉。

虽然潜意识的历史渊源很远，但是在弗洛伊德以前，从来没有人斩钉截铁地宣布过。所以那是个从未被探索过的领域，人类想要把他们希望忽略的记忆摒弃，可是在许多情形下，那些被摒弃的记忆会转化浮现，进而成为歇斯底里病症的烙印，进入梦中或者进入后来被称为“弗洛伊德式的失误”的日常生活里。而且更重要的是，把这些记忆从潜意识拉到意识里，可能获得重大的治疗效应。

刚开始时，相信这一套说法的人寥寥无几。弗洛伊德在1894年写给弗莱斯的信里这样写道：

> 我在这里相当孤单地解决神经性问题，大家都认为我不过是一个偏执狂，而直觉却告诉我，我已经触摸到了大自然中一个最大的奥秘。

为了引发病人的潜意识，弗洛伊德使用了一个奇特的方法：他把手放在病人的额头，或两手扶住他的脸，说道：“我要你在我手的压力下思想，我放松压力时，你会看见你面前有东西，或者有东西进入你的脑子里，你要抓住它，它将是我们要找寻的东西。好了，你曾经看见什么，或者你想到了什么？”

弗洛伊德解释道：“‘压力技术’的好处，是它能够分散病人的注意力，使病人离开意识上的追寻和反映，简单地说就是使病人离开可以用意志支配的任何事情。”

几年以后弗洛伊德在关于此项研究的论文中写道：

> 我放弃了催眠术，在治疗的过程中，只要求病人躺在沙发上，我坐在他后面看着他，却不让他看见我。

后来这种看着病人，却不让病人看见的方法，引起许多人无谓的猜疑。弗洛伊德解释说：如果面对面地进行，那么无论是倾听病人的分析或者是多么的不苟言笑，他的态度和对病人所透露的事情的反应，仍会被察觉，如此一来就可能影响到病人的心理。

在 19 世纪 90 年代初期，他不断地研究探讨新技术。虽然弗洛伊德渐渐地放弃了催眠术，却没有人知道他推出“压力技术”和“自由联想”的确切时间。

弗洛伊德对病人说：“你把经过你脑海的所有的东西说出来，就好像你坐在火车的窗口，向坐在你后面的人描述你所看见的窗外景色的变化一样。最后，千万不要忘记，你已经答应要绝对的诚实，更不要因为说出来不舒服而闪烁其词！”

不久，弗洛伊德发觉，分析与解释病人吐露出来的心声是件复杂而困难的事，另外有些问题更是不可避免的：第一点，病人似乎本能地反抗，不愿把潜意识提升到意识中，几乎每个病人都有这个现象，这种反抗显然使医生的工作更加困难。但是弗洛伊德发现，反抗最强烈的主题经常是最关键性的。因此，只要发掘了反抗的症结，就可以找到根本的线索，了解产生这种疾病的原因。

这时，有一种叫作“移转”的过程形成了。弗洛伊德注意到，他的许多病人在施行“自由联想”后，开始毫不忌讳地说话，也不再将他看成医生，而像是在对自己的父亲或母亲说话。换句话说，他们把反映他们早年与其父母关系的感觉与思想，转移到分析者身上。

虽然，“移转”是另一种复杂的因素，但弗洛伊德终于发现它和“反抗”一样，经常有助于探索到不能回忆的过去。事实上，他最后相信在“移转”的领域里必须有各式各样的冲突。

许多年以后，弗洛伊德谈到精神分析治疗的远景时，叙述他的治疗是由两部分构成——先是医生开导病人怎么做，然后由病人照他听到的去做。我们给病人意识上的预期观念，然后由他依照与那预期观念相似的基础，在他自己身上找到被压抑的潜意识观念。

1893 年 1 月，弗洛伊德和布洛尔在《精神病中央公报》上共同发表了《论歇斯底里现象的精神结构：初步的交流》。这篇文章的两位作者已经能够以一种新方法来研究许多歇斯底里病症的病例。而且发现，病因并不是一种明显可以识别的精神创伤，而是已经全然被遗忘的事情。这篇报告首次使用"被压抑"这个字眼，表示病人希望忘记不愉快的记忆，而把它推到潜意识里去。只要把那些被压抑的记忆带到意识里，就可以除去歇斯底里的症状。

那篇文章传到奥地利、德国和法国。但是，就像许多弗洛伊德的早期出版物一样，最友善的评论都是来自英国。在《脑》的医学期刊里，著名的英国医生迈可·克拉克以长篇文章讨论歇斯底里病症和神经衰弱，以及布洛尔和弗洛伊德如何强调必须在病人脑中唤起首次出现的歇斯底里症状的记忆时机。

《初步的交流》出版两年后，《歇斯底里的研究》一书问世了，它汇集了布洛尔和弗洛伊德共同工作的文章，并且正式把精神分析介绍给世人。这本书的第一章是《初步的交流》，接下去是 5 篇病例，布洛尔写的"安娜"是第一篇，另外 4 篇是弗洛伊德写的。然后第六章是布洛尔写的歇斯底里病症的理论，结尾是弗洛伊德写的歇斯底里病症的精神治疗。

后来，弗洛伊德和布洛尔分手了。分手的理由是，他们的性格和他们各自在医学界的权威地位不同。布洛尔是已颇有名声的执业医生，他相信，如果他继续追求弗洛伊德的理论，可能会使病人不相信他。集中精力于歇斯底里病症的弗洛伊德则深信，他终于走上了将使他成名的路途，因此不顾这种警告。事实上，他已经“触摸到了大自然的一个最大奥秘”。

在当时，布洛尔和弗洛伊德对于他们要宣布的新方法都采取审慎的态度。他们一直主张，而且要清晰地说明的是：一些病人身体上的症状、所回忆的事物及他们对事物的反应，都被意识所不知道的动机所支配。这种说法是精神分析的基础，弗洛伊德的想法和许多改变世界的理论一样，起初总不受人重视，也很少有人支持。

《歇斯底里的研究》一书的出版，证实了弗洛伊德和布洛尔两个人共同的想法——他们不能继续在一起工作了。

1894 年夏天，弗洛伊德写道：

> 事实上，我整天在想神经病源，但是因为我和布洛尔在科学上的联系已经结束，我只好自己一个人支撑了，这就是为什么我的进展那么慢的原因。

现在，由于众人的批评加深了布洛尔的怀疑，他怀疑自己犯了和弗洛伊德曾经过分亲密的错误，以致调和两个人重归于好的可能性完全被排除了。

除此之外，还有另外一个原因造成了他俩的隔阂越来越深：两个人都在探究神经病的成因，而他们必须解决的问题是，在心智演进的过程中何时开始有病态的现象。

布洛尔的解释是生理学上的；弗洛伊德则是从心理学上解释，他不认为是分子和运动造成的，而认为是意向和目的所导致。尽管布洛尔自从安娜的病例以后，耳闻目睹了许多别的例子，但他仍然很不愿意完全放弃自始便接受的生理学因果律的看法。

也就是说，年纪较大的布洛尔不愿意立即抛弃自己所能接受的观念；而年轻的弗洛伊德却急于保持着新的观念。这种原本寻常的情况，使得二人的关系日趋紧张。

出版《梦的解析》

弗洛伊德开始对自己更有信心，一切又有了新的改变。

自1886年他以沙考特的忠诚门生身份回到维也纳，到出版《歇斯底里的研究》之间，他已经缓慢而稳健地摆脱了沙考特的思想。

1889年，他第一次公开反对沙考特对歇斯底里病症的本质的看法；到了1893年，他更公开地发表文章批评歇斯底里病症的麻痹状况。

不久，弗洛伊德发现了4种神经病源：歇斯底里、意志骚扰、焦虑性神经病、神经衰弱，每一种都有不同的“性”病因。至1896年，他信心十足地指出，它们全都是由幼年时代潜意识的性事件而引起的，如此一来，沙考特的遗传论就被排除于病因以外了。

和布洛尔的联系终于断绝了，弗洛伊德进入了另一个时期，他后来称为“精彩的孤绝”期。他在1896年的日记里这样写道：

> 这是我人生最寂寞的时刻，所有的老朋友都离我而

去，我还没有交到任何新朋友；没有人注意我，而唯一使我向前的是向传统挑战的决心，以及写《梦的解析》的心愿。

弗洛伊德知道，他和布洛尔决裂以后，唯一使他不致孤立无援的是与弗莱斯的友谊。维也纳和柏林的遥遥相隔使这两个人很难见面。但是，他们通信不辍，信中流露了对彼此的关怀。

弗洛伊德已经养成了在感情上对弗莱斯的依赖，这是他唯一可以倾吐思想而不怕被耻笑的人，而且彼此的依赖性随着他们在医学上的联系而加强。虽然布洛尔曾经是弗洛伊德的家庭医生，弗洛伊德却有好一阵子特别听从弗莱斯的建议，尤其是 1893 年发现的偶尔发作甚至于威胁到他生命的心脏病问题。

弗洛伊德虽然是犹太人，但他与犹太商人们不同，他没有什么钱，家庭人口又渐渐多起来，而且他很喜欢与权威者争论。不错，他曾经有许多富有的病人，但是大部分都是布洛尔介绍来的。此外，他正打算向顽固的大众推销一种精神病的理论，他知道势必触怒医学界和近乎神圣不可侵犯的天主教权威。

弗洛伊德能坚持理想的原因之一是他天生不屈不挠的精神；另一个是外来反对的刺激。但是还有另外一个原因不太为人所知晓，那就是当时的社会风气，尤其是医学界的风气——对新观念的坚持往往比坚守传统观念更为有利。

第一届国际心理学大会已经于 1889 年在巴黎召开。在 1890 年，出版了威廉·詹姆士的《心理学原理》以及弗雷泽的《金枝》——它深入地探讨了人类器官的诞生和成长。这是两部对弗洛伊德的思想有着重要影响的著作。

1895年以后的5年，是弗洛伊德生龙活虎的时期。在他仍旧从事于“歇斯底里的研究”最后阶段之际，他首次透彻地分析了自己的一个梦。这对他以后的工作是极具重要性的。他后来开玩笑地问，他睡的那个地方将来会不会竖立一个牌子，上面写着：

1895年7月24日，在这间房子里，梦的奥秘让西格蒙德·弗洛伊德博士窥见了。

1897年，弗洛伊德开始进行旷日持久的自我分析工作，这个工作因他父亲的去世而提前进行，同时，他又犯了一项错误，他自称是“最大的错误”，那就是“诱惑理论”的形成。虽然这项理论命途多舛，却引导他发现了“恋母情结”。不久，他认为那是精神发展的主源。他继续从事《梦的解析》的写作。

在19世纪最后几年，弗洛伊德产生了另外一个想法，就是在挖掘神经质症状隐藏的原因上，《梦的解析》将是一种具有非凡价值的工具。

弗洛伊德曾经在《歇斯底里的研究》书中的一个注脚里，叙述他对自己梦中情节的分析，他写道：

几个星期以来，我不得不把我睡惯的床换一张比较硬一点儿的，在硬床上，我比较会做到比一般睡眠更深的梦，这样，在我醒来的头15分钟内，我会记得我所做的梦，于是我可以把它们一一记下，再设法去解析。

弗洛伊德深信，梦是对不可理解的睡眠经验之杂乱堆砌。他对自己的“伊玛之梦”，经过详细分析后使他信心倍增；当他用同一方法作自我分析时，更加熟能生巧。他的观念并不是全新的，以前的学者就曾指出：“梦包括了一波又一波的不连贯的无聊”，“梦的许多功能中，包含了希望的实现”等。

《梦的解析》一书，于 1899 年 11 月在莱比锡和维也纳出版。作者在扉页上写着这样几个大字：

那是我自己的肥料、自己的种子培育而成的！

此外，它的确把分析从一种狭义的治疗方法，扩展为一种潜意识的心理学。它的重要性是不容置疑的。

但是，弗洛伊德自己的和他病人们的梦的例子，只是他庞大工作的一部分。遍览了现存有关梦的文献并分析了“伊玛的注射”那个梦以后，他接着提出了一个解释梦的奇幻性质的理论，然后阐述它们的意义。

基本上，他的假说是这样的：每一个梦代表一个愿望的满足。当人们睡觉时，抑制住潜意识内容的障碍已经降低，于是它们浮现成梦的意识。然而，在梦中呈现的，仅是弗洛伊德所称的“潜伏的”物质由“梦化工作”转化为物质内容的表现。

“梦化工作”有各式各样的构成因素，每种都赋予梦稀奇古怪以及不可思议的性质。在弗洛伊德以前，似乎没有人去留心解释这方面的情形。

“梦化工作”的过程，包括“浓缩”、“替代”和“象征”。一些批评他的人，也不得不承认，这些作用是对梦的性质首次提出合理的解释，而以前却不曾有人发表过令人满意的答案。

《梦的解析》一书出版后6年内，只卖了300多本。但是我们不能单以销量来衡量一本书的价值和影响力的大小。弗莱斯告诉弗洛伊德，柏林有10多个读者。

弗洛伊德也承认："在我这里也有些读者，但目前跟随者的时机尚未成熟。而我的书有太多新鲜而且大胆的观点，严格的证明却嫌太少。"

再版时，弗洛伊德加进了新的材料，不顾传统观念的反对，继续修正他的理论，至少在细节上，介绍得更为详细。然而，批评仍旧继续着，直至1921年，他发现有必要在第六版上重新写序。

弗洛伊德的著作未能获得人们应有的重视。该书出版后许多年，仍然没有人提到它，即使是最重要的主题，都没有人提到。所谓"梦的研究工作者"也不曾引人注意，这给人们提供了最鲜明的反例——科学家居然不追求新知。

即使在20世纪的初期，他仍然对未来感到悲观。他对弗莱斯抱怨说："这个新世纪带给我的，只是愚蠢的评论。无论如何在我有生之年，都不指望任何人给我认可了。"

弗洛伊德每天处理6至8个病例分析——大多数都是很有趣的东西，各式各样的新材料。他每天花9至11个钟头在病人身上。然后，晚上11点钟写各种报告。他已有能力开始偿还欠布洛尔的2300弗罗林。

之后，弗洛伊德的事业更顺心了。病人成群地拥来，每个工作日他要主持10个或11个病人的心理治疗。

这大概是他工作负荷的极限了。因为他还要继续自己并不太喜欢的工作——在大学里授课。虽然大多数爬上柏格街19号楼梯的病人，患的病纯属不必外在帮助就能治疗的精神疾病，但是也有例外。其中一个例外是“伊玛”，弗洛伊德全家人都认得她，她也是弗洛伊德曾经解释的最著名的梦——他自己的梦——的主角。

1895 年夏天，弗洛伊德和家人在“舒罗斯伯勒优”，即耸立在维也纳郊外山丘上的一幢华丽宅第度暑假。这屋子以前是供人举行舞会和音乐会的地方，现在已经改为舒适的家庭旅社。

4 月 23 日的晚上，弗洛伊德在这里做了一个梦，后来就成为家喻户晓的“伊玛的注射的梦”。

他会对梦产生兴趣，和他所使用的自由联想有关。

因为他发现，许多病人叙述自己的梦时，梦中情景似乎和他们白天意识下的思想一样鲜明。他们清楚地说出来，可见他们认为梦和别的可理解的现象一样重要。

基于这种现象，他认为梦并非是如大多数人所主张的没有意义，而是可提供许多线索，引导医生发现一个病人压抑在潜意识中的事件。

弗洛伊德在《梦的解析》中所叙说的故事是这样的：

1895 年夏天，我正在为伊玛治疗，她是一个年轻的女人，也是我们家的朋友。她的歇斯底里焦虑症已经好多了，但是她还有其他身体上的疾病。我建议她做点儿事，但是她拒绝照做，于是治疗就中断了，而后我们全家人都去度假了。

玛莎的生日再过几天就要到了，她告诉我伊玛到时也会来庆贺。伊玛的病例至少占据了我思想的一部分，于是那晚我做梦了。第二天醒来，把梦记录了下来：

> 一个大厅中，我们的宾客如云，而伊玛也来了。我立刻把她拉到一旁，好像在回复她的信，并责备她不曾接受

我提议的“办法”。

我对她说：“如果你仍感到痛，那实在只是你自己的错。”

她回答说：“如果你知道我现在喉咙、胃和小腹都疼痛，你就不会这么说了。”

我很惊讶地看着她，她脸色苍白而肿胀。我独自想：我一定是没有注意到某个器官问题。

我拉她到窗前，向下望她的喉咙，她做出反抗的样子，好像戴了假牙的女人。我自忖：她实在没有必要这样。

后来，她乖乖地张开嘴巴，我在右边发现了一大块白色的东西，在另一个地方，我看见许多灰白色的疤。

我立刻请M医生来，证实我的看法。

我的朋友奥图正站在她旁边，而另一位朋友里奥波德正隔着她的衣服听诊，说道：“她左下方有一个没有反应的地方。”他又指出左肩的一部分皮肤被细菌渗透了。

M医生说：“毫无疑问，那是发炎，但是没有关系，痢疾将会接踵而来，毒素就会清除。”

我们也立刻知道了发炎的起因。

原来，不久以前，我的朋友奥图为她注射了一大堆丙烷基、丙酸、三甲胺，他不应该这么没头没脑地注射这些东西，而且注射筒大概也没有消毒干净。

弗洛伊德在解释梦境时，能把梦中的每个细节，与最近所发生过的或讨论过的事物联系在一起，并非梦中所有的事都与伊玛有直接的关系。

梦中弗洛伊德把伊玛带到窗前，看她的喉咙时，就浮现了先前他检查一位美丽的贵妇，并发现她的假牙的情景。白块和灰疤也和清醒时的经验有着清晰可指的连接。

此后，弗洛伊德对这个梦下了肯定的结论。他认为这个梦指出了一大堆其他的因素，让他脱卸了对伊玛情况的责任。

这个梦呈现了弗洛伊德希望了解的许多事件的特殊状态。因此，它的实质内容就是被压抑希望的实现，而它的动机就是一个希望的自我满足。

弗洛伊德在遇到困难时，总是找出更多的解释，来探讨各种可能性，凭此，他的分析才能总是淋漓尽致。

创立精神分析法

1895 年弗洛伊德发表的《歇斯底里研究》标志着他的精神分析学的建立。但是，它刚刚建立起来，就出现了新的矛盾和问题。

正如弗洛伊德在《自传》中所说，《歇斯底里研究》揭示了歇斯底里病症背后的那些深层的、原始意识的根源，但没有回答“在心智演进过程中，它们何时开始成为病态的现象”。

也就是说，“在心智的演变过程中，那些原始意识什么时候才开始感受到它们自身受压、受阻而找不到宣泄的出口？”对此，布洛尔都企图用生理学的观点去回答这些问题。

在布洛尔看来，歇斯底里病症在本质上是处于被催眠状态的不正常的精神产物。弗洛伊德则认为，歇斯底里病症是多种复杂的精神力量同日常生活中常见的动机、目的等因素交互作用的产物。

也就是说，歇斯底里病症是那些正常的受压抑精神力量在反常的条件下转化为变态心理的结果。弗洛伊德曾经把他同布洛尔的分歧概括成“被催眠似的歇斯底里”与“防御性的神经质”的对立。

为了彻底解决上述问题，从 1895 年后，弗洛伊德便不停地进行探索。他在这一时期的探索线路主要是沿着两个方面——自我分析和梦的分析来进行的。这两种基本方法体现了弗洛伊德科学研究的一贯作风，即重视自己的亲身实践和生活中出现的精神现象。

弗洛伊德在出版《歇斯底里研究》以后，一直不断地发问，病态的心理现象究竟是怎样产生的？在催眠疗法中，一个人的许许多多内在的和外在的生活细节、事件，究竟又经由怎样的控制程序而慢慢地恢复起来？这些问题是解决精神治疗及分析精神病病源的关键。弗洛伊德对他的病人观察一天也没有间断。然后，他把临床获得的经验进一步同自我分析和梦的解析结合起来。

经过详细的观察，他逐渐认识到：每一件被遗忘的事情的背后，都有其痛苦的一面。如果以该病人的人格标准来衡量，那么，这些事情就包含着不能令他苟同或使他引以为耻的观念。由于这些他不认同或引以为耻的观念在不知不觉间形成，所以也是在不知不觉间被忘掉，它在意识中存在。

所以，如果想使它重新回到意识中，就必须首先克服那些内在的阻力，而去克服那些内在阻力需要巨大的努力。病情不同，医生在治疗过程中所做的努力也会相应不同，并和试图回忆的事情的难易成正比。从理论上讲，病人内在的阻力有多大，医生耗费的精力就有多大。弗洛伊德在这方面的发现是继发表《歇斯底里研究》之后最重要的发展，它构成了弗洛伊德的“抑制学说”。

至此，精神病理过程就进一步明白起来，让我们来看一个简单的例子。某人心里产生了一种特别的冲动，但被另外一种强有力的趋势所反对。我们可以猜想这时所产生的心理矛盾不外乎走下述一条路线，即两种活力——“本能”和“阻力”在完全意识的状态之下相持一段时间，直至“本能”的冲动被驳倒，而使其力量消失为止，这是一般正常人的解决途径。

但是，在患有神经质病的患者身上，由于某种原因，上述冲突的宣泄方式就大为不同。在受到一种旨在压抑上述冲动矛盾冲突之后，“自我”受到震惊而退缩回去，从而阻止该冲动跑到意识中，并不让它的动力宣泄出去。结果该冲动所带来的“力量”还是原封不动。这种得不到宣泄的“潜能”就是发生歇斯底里病症的隐患。

弗洛伊德把这一过程称为抑制作用。这是弗洛伊德的重要发现。

在这以前，还没有人这样分析神经质机制。弗洛伊德把这一机制比喻为“防御机制”。

抑制作用的第一步还包括许多其他的步骤。一方面，“自我”不得不长期消耗能量，即“对抗能量”，以对抗那些被抑制冲动的再现的威胁，因此，“自我”最后必然达到筋疲力尽的地步；另一方面，潜伏在潜意识里的被抑制冲动，也能找到宣泄的方法，或经由迂回的路线，找到适当的替代物，而使得抑制作用的目的化为泡影。

在转换性歇斯底里的病人中，这种被抑制的冲动几经周折，到达全身的神经分支中去，而从不同的地方“突围”而出，遂产生特殊的症状。这些症状其实是折中协议的结果。

因为它们虽然都是替代品，但由于有“自我”的阻力作用，它们都仍然保持自己的本来面目，都不曾被外来力量所歪曲或改造。

抑制作用这个学说是了解弗洛伊德精神病治疗法的关键。它是弗洛伊德的独创和发明，这个学说标志着弗洛伊德的精神分析法的正式诞生。

根据这种抑制作用学说，精神治疗的目标，已不再是反转那些走错了路线的效应，而是揭开被抑制的冲动的真相，代之以一种决定被驳倒的冲动的取舍的判断行为。由此之后，弗洛伊德不再把他的治疗方法称为涤清法，而是称为“精神分析法”。抑制作用学说是精神分析学的中心，它直截了当地把歇斯底里病症看作是心理冲突和抑制作用等动力因素相互作用的产物。

由于对病态抑制作用及各种现象的研究，精神分析学实际上把潜意识看作是人的精神活动的最原始、最基本、最普遍和最简单的因素。这种潜意识就是所谓原动的无意识的“心”。它是一切意识行为的基础和出发点。

人类的一切精神活动，不管是正常的或变态的、外在的或内在的、高级的或初级的、复杂的或简单的、过去的、现在的和将来的，都不过是这种潜意识的演变结果。

依据这种学说，每种意识活动都在潜意识的心中深深地伏有其基础。人们要认识心理生活，要治疗变态心理，就必须探索意识行为及其潜意识的源头之间的联系。

在弗洛伊德看来，无意识的“心”或“潜意识”，并不是被动的收容所。它像蓄电池储存电能一样，随时可以发泄出去，可以主动地产生冲突。弗洛伊德也不赞成把潜意识看作凋谢了的记忆的消极、被动的保管库。潜意识在本质上是原动的。它那不断争取表露或升华为意识的内容，乃是精神活动背后的原动力量。

归根结底，意识不过是由深藏的潜意识伏流所产生的心理生活的表面微波罢了。这种潜意识又是本能活动的源头，也是性冲动和感情经验的起源。这些潜意识虽然受到压制，但它们永不间断地为得到自我满足而斗争。精神分析学的大部分任务就是考察这种被压抑的东西的活动方式及规律，考察它们在寻求满足时所采取的方法和途径。

“抑制作用”学说的初步建立，标志着弗洛伊德已明确了研究方向，即要探索人的心理的神秘世界。有了这种正确的认识，弗洛伊德开始反复在自己身上进行自我试验。这种自我试验的过程也就是“自我分析”的过程。

1900年，在完成了《梦的解析》的写作之后，弗洛伊德开始集中精力研究常态心理。

从这时候起，他研究了日常生活中的各种心理现象，发现在人的日常生活中也如同在梦中一样经常发生潜意识的干扰性活动。这就有力地证明了潜意识的原始心理活动是做梦心理和精神病发作的基础，也是常态心理的基础。

换句话说，通过对日常生活的心理现象的分析，进一步证明了潜意识是包括常态心理和变态心理在内的一切人类心理活动的基础。弗洛伊德在这一时期的研究成果，总结在1940年发表的《日常生活的心理分析》一书中。

事实证明，就连做梦时的心理活动也表现了常态心理活动规律的一部分。把做梦心理完全看作变态心理是错误的。

就在《梦的解析》一书中，弗洛伊德已经作出这样的结论：

> 做梦的心理活动规律和常态的心理活动规律基本上是相似的。这就是说，不管是做梦的时候，还是在日常生活中，人的心理都是以潜意识活动为基础；而且，潜意识始终受到意识的压抑，所以，他们要以曲折的途径表现自己。
>
> 正是从这个意义上说，做梦心理也可以算作是常态心

理的一部分。做梦心理的特点，仅仅在于在睡梦中，人的意识处于松懈状态，所以，潜意识才可以比常规生活以更大的比例表现出来。

弗洛伊德所著的这本《日常生活的心理分析》，主要是对日常生活中出现的专有名词遗忘、外国字遗忘、一般名词与字序的遗忘、童年回忆与遮蔽性记忆、语误、读误和笔误、“印象”及“决心”的遗忘、“误引行为”、“症状性行为”及“偶发行为”、“双重错失行为”和其他各种错误行为等现象进行分析，探讨产生这些现象的心理根源，从中发掘潜意识的存在，了解“潜抑”作用的基本功能。

在这本书中，弗洛伊德不仅引用一般人在日常生活中所发生的材料，也引用了自己的实际经验，然后经由自我分析的方法，进行透彻的研究。

过去有人把精神分析学理论神秘化，以为它深不可测。恰恰就在《日常生活的心理分析》中，弗洛伊德密切地联系实际、深入浅出，使人觉得津津有味、一目了然。因此，这本书也可以算作是学习弗洛伊德的精神分析学、特别是潜意识理论最好的入门书。

《日常生活的心理分析》的德文原版本来标题为《日常生活的精神病理学》。弗洛伊德在这本书中所采用的素材，是为大家所熟悉的。任何一个人，在看这本书的时候，自始至终都会感到其中所举的例子都是自己经历过的。

因此，这本书的材料更具客观性，更能引起读者的共鸣。所以，在弗洛伊德为一般读者所写的介绍性文章里，他有时把这本书中重点分析的错失行为看得比梦的解析还重要。在他看来，梦境的追索虽然人人都可以做，但往往牵涉许多复杂的心理机制和程序，也带有更多的虚幻性，有时难免陷于晦涩。

此外，在这本书中，弗洛伊德还展示了在他的思想体系中占有重要地位的决定论思想。弗洛伊德肯定万事万物，包括人的心理活动在内，都遵循着不以人们的主观意志为转移的客观规律。但是，他和当时许多自然科学家一样受到严重的机械唯物论思想的影响。

因此，当他肯定事物的客观规律性的时候，就把必然性绝对化，完全否定偶然性的存在。这就使他犯了决定论的错误，并最终导致命定论、宿命论。

深入研究“遗忘”问题

《日常生活的心理分析》的写作和发表，并非偶然，是《梦的解析》的自然延续。其实，就在弗洛伊德撰写《梦的解析》一书的时候，他已经注意到日常心理的活动规律。

在《梦的解析》的最后一章《梦的程序心理》中，弗洛伊德已经较为深入地触及“遗忘”的问题以及“潜抑”的问题。

1898年，弗洛伊德还发表了《论遗忘的心理机制》，进一步深入地研究日常生活中的“遗忘”问题。

《日常生活中的心理分析》这本书从一开始就继续论述《论遗忘的心理机制》一文中的论点，继续探索“遗忘”问题。

和一切有成就的科学家一样，弗洛伊德始终很重视实践中提出的问题。他往往从现实生活中得到启示，深入思索问题。他在《论遗忘的心理机制》中这样阐述道：

我曾经对一般常见的熟名遗忘进一步作心理学上的分析，并且从我所注意到的许多例子中得出一个结论，即记忆方面的这种在一般人看来是最常见又不很重要的心理功能上的错失，实际上存在着远比普通见解更深刻得多的心理学上的根源。

弗洛伊德同一般人不一样的地方，恰恰就是能抓住这些最常见、最普通的现象，然后进行追根究底的研究，正如他在《论遗忘的心理机制》中提到：

经由对某些特别的情形的观察，我进而对暂时性的遗忘现象作了一次绞尽脑汁的检视。

在这些努力中，我发现不只是“遗忘”，而且还有假的“忆起”，即某人在努力要想起被遗忘的名字时，却想起了别的名字来，也是包含着极其深刻的心理学上的根源……

我以为，这种现象的出现，并不是由于心理机制方面的反复无常，实则是遵循着一条合理合法的途径得出的结果。

在一次从杜布罗夫尼克市往南的旅途中，弗洛伊德同一位陌生人同坐在一辆车上。他们谈起了意大利的风光，谈起 1896 年夏弗洛伊德在意大利的一次愉快的旅行。

当弗洛伊德谈到他的意大利旅行生活时，他想起奥尔维多大教堂顶端的那幅美丽动人的壁画《最后的审判》，但就是想不起那幅名画的作者辛诺雷里的真实名字。当他绞尽脑汁要想起辛诺雷里的名字时，他偏偏想起意大利另外两名著名画家：波提切里与波查菲奥。

当时，弗洛伊德的意识是很清醒的。他马上知道，波提切里和波查菲奥都不是《最后的审判》的作者。他的旅伴提醒他说，那是辛诺雷里的作品，弗洛伊德立即认定了这个名字是正确的。

这个遗忘现象，马上引起了弗洛伊德的注意。弗洛伊德说："辛诺雷里这个名字之所以被遗忘，既不是由于它在字面结构方面有什么奇特之处，也不是因为这个字所出现的地方有什么特殊的心理学上的特征。对我来说，这个被遗忘的名字是和波提切里一样熟悉，而且，它甚至比第二个代之而想起的名字波查菲奥更熟悉。对于波查菲奥，我顶多只知道他是一个属于米兰学派的艺术家。"

由此可见，弗洛伊德在此时此地所发生的遗忘现象，似乎是很不合乎情理的。为什么一个很熟悉的名字会突然忘记呢？为什么在绞尽脑汁回想被突然遗忘的熟悉名字时，反而冒出另一个不太熟悉的名字呢？

为了探索这个奇怪的心理活动的出现根源，弗洛伊德冷静地进行自我分析，细致地追忆了当时谈话的背景，详细地搜索自己在谈话前后的心理活动踪迹。在弗洛伊德的精神分析学中，童年生活经历的遗忘问题始终都占据很重要的地位。

在歇斯底里病症的研究和梦的解析中，歇斯底里病症患者的病源多数是早已潜伏在童年生活的"痛苦"经历中。而在梦中出现的许许多多奇形怪状的幻影也不过是童年生活经历中那些被压抑的因素的重现。

童年生活既然有如此重要的意义，我们就有必要更深入地了解童年生活的内容。曾经有人说过，如果能详尽地重现童年生活的内容，我们就可以对任何一个人的心理特征和心理活动规律了如指掌。

但是，可惜的是，童年生活的绝大部分内容都已从记忆的王国里消失殆尽。只要我们仔细地回忆自己的童年，我们就会发现其中的绝大部分已经销声匿迹，而忘记的那部分又恰恰是对自己的一生具有重要意义的内容。当然，那些不太重要的童年生活内容也大部分已经被遗忘了，只有一小部分还记忆犹新。

弗洛伊德在准备写《日常生活中的心理分析》时，已经注意到这些现象，并作了分析。而分析成果，已反映在他那一时期的重要著作中，特别是集中地反映在《梦的解析》一书中。

按照弗洛伊德的观点，童年生活中的绝大部分内容都会被压缩到潜意识中去，而那些能勾起痛苦回忆的部分就是被压抑得最厉害的部分。这就给我们回答了上面提出的问题：

那些痛苦的、对个人成长有重要影响的部分遗忘得最彻底、最干净。

然而，依据弗洛伊德的同一个理论，这些被压抑的部分又最活跃、最不安分。所以，它们虽被压抑在心里的底层，但又要千方百计表现自己。意识对它们的自我表现企图给予了严密的监督，致使它们不得不以变态心理或梦幻的形式表现出来。

现在，当弗洛伊德研究日常心理时，他又发现被压抑在潜意识中的童年痛苦经历，有时也可以片断地、不成规律地、改头换面地表现在日常记忆中。这是一种偶发现象，是在意识不备或注意力转移的时候偶然表现出来的。

这一现象再次证明被压抑在潜意识深处的童年痛苦回忆一刻也没有停止活动。它们虽然在大多数情况下无法在正常心理活动中显现出来，但在偶然情形下，一旦有与之相关的心理因素显现在意识层面上，哪怕是只有一点点的连带关系，而且又存在着其他有利于它们显现的条件，如意识注意力的暂时分散等，它们就可以立刻显现出来。

但是，即使在这种情况下，其显现的程度也是极其有限的，只能是片断的、破碎不堪的或甚至是被歪曲、被改装了的。意识绝不容许这些痛苦的童年经历“肆无忌惮”地表现出来，因此，纵有偶然机会它们也只能零碎地表现出来。

在这种情况下，表现出来的童年经历显示不出完整的、不清晰的内容。作为一个精神分析学家，其重要任务就是抓住这些在偶然机会涌现的片断材料加以综合分析，最后描绘出其原有的完整的历史画面。

弗洛伊德在《日常生活中的心理分析》一书中，为我们树立了这样一个范例。

这是在弗洛伊德 43 岁时发生的事。那时，弗洛伊德已经着手进行自我分析和梦的解析，他对童年生活产生了浓厚的兴趣。

在回忆童年生活时，弗洛伊德有一次回忆到了近 30 年来不时地在他的意识中显现出来的一个童年时的场景。他说：“我看见自己站在一个大柜子前，比我大整整 20 岁的异母哥哥正拉着敞开的柜门。我站在那儿哭叫着不知要什么东西。这时，我那纤细姣好的母亲，仿佛刚从街上回来，忽然走进房里。”

这就是弗洛伊德所忆起的一段零碎的童年场景。然而，弗洛伊德在进行自我分析以前，始终不知道这段场景的实际意义。

“我不知道哥哥想打开或想关闭的那个柜子究竟是什么柜子，我为什么哭，以及我母亲为什么当时出现在我面前……这种对于记忆中的童年情景的误解，十分常见。我们忆起一个场景，却不记得重心何在。”显然，这是由于这些回忆本身并不完整。

为了分析这一童年场景的意义，弗洛伊德询问了母亲。弗洛伊德把前后事件加以连贯，才明白了当时的实际情况。

原来，当时的弗洛伊德刚刚两岁多。他自小由一位保姆照管，所以，他对她产生了感情。

那天，他发现保姆不见了，他哥哥以诙谐的语调说，她被“关起来了”。实际上，当时，这位保姆已被辞退：因为她偷了弗洛伊德家的东西，弗洛伊德的哥哥把她送到衙门见官。

弗洛伊德以为，她被他哥哥锁在柜子里。所以，当弗洛伊德发现保姆不在家的时候，很自然地以为哥哥又把心爱的保姆关在柜子里。他哭着要哥哥打开柜子的门，后来知道保姆不在柜子里，弗洛伊德哭得更厉害。就在这个时候，妈妈出现了，消除了他的烦恼和焦虑。

弗洛伊德对其童年生活的追忆，使他得出了关于“遮蔽性记忆”的情景结论。

为此，弗洛伊德在《日常生活中的心理分析》中写道：

> 事实上，童年的琐碎记忆之所以存在，应归功于“转移作用”。精神分析法指出，某些着实重要的印象，由于遭受“阻抗作用”的干扰，不能现身，只好以替身的形态出现。我们之所以记得这些替身，并不是因为它们本身的内容有什么重要性，而是因为其内容与另一个受压抑的思想之间存在着连带的关系。为了说明这种现象，我特地创造了“遮蔽性记忆”这个名词。

关于遮蔽性记忆，弗洛伊德把它分为4种形式：侵占式的、介入式的、同时的和邻近的。

侵占式和介入式的遮蔽性记忆是比较常见的，这两种记忆是由于早期的重要经验受到阻抗，不能直接出现，只好用晚期的另一个无关紧要的、但与之有点关联的印象来代替。而所谓同时的和邻近的记忆是指遮蔽性记忆与它所遮蔽的印象之间，不只内容上有所关联，而且发生的时间也很接近或甚至是同时发生的。

在弗洛伊德看来，童年的回忆之所以朦朦胧胧、残破不全，并不是因为我们的记忆力本身的毛病，而是因为人的实践经验逐年增长的结果。

他继续阐述道：

> 童年以后的诸种强烈力量往往改塑了我们婴儿期经验的记忆容量。可能也就是这一种力量的作用，才使得我们的童年生活回想起来朦胧似梦。
>
> 所以，所谓童年期的回忆，实际上已经不是真正的记忆的痕迹；在那上面早已打上往后种种经验的烙印或得到了很大程度的改变。

正如弗洛伊德所说，它是“后来润饰过了的产品，这种润饰承受多种日后发展的心智力量的影响。”

童年回忆的这一特点，给神话、传说和诗歌的创作提供了丰富的原料，它是作家和民族神话的浪漫主义的想象力的源泉之一。正如弗洛伊德所说：“个人朦胧的童年回忆不仅更进一步扩展了遮蔽性记忆的意义，同时它也和民族神话、传说的累积有令人注目的相似之处。”

弗洛伊德还举了一个童年的遮蔽性记忆的例子，说明这一记忆所隐含的内在意义。

有位 24 岁的青年，记起了一幕 5 岁时的情景：

在花园的凉亭里，他坐在姑姑身旁的一个矮凳上。她正教他认字母，他觉得自己很难分清字母“m”和“n”。所以他要求姑姑告诉他如何区别二者。

姑姑说，“m”这个字母整整比“n”多了一笔。

这段完整的记忆意味着什么呢？是不是表明这个青年从小就好学，而且即使到长大后也仍然有很强烈的求知欲，以致念念不忘早期学习的那段印象？可是为什么他只偏偏记住了这一段？为什么记得如此完整而清晰？就连这位青年自己也无法回答这些问题。

弗洛伊德认为，这段记忆遮蔽了童年时期另一个重要的心理，即儿童想要了解男人与女人的区别的好奇心。这种好奇心几乎为大多数儿童所共有。显然，这位青年在童年时也有这种好奇心。

弗洛伊德说：“就像他想分清 m 和 n 这两个字母一样，后来他也想知道男孩和女孩究竟有何不同，真希望姑姑在这方面也能教教他。一旦他发现，两方面的差别很相似——男孩也只是比女孩多了那么一部分，他才记住了孩童时期的那种好奇心。”

弗洛伊德对日常生活心理的分析是很仔细、很认真的。他在分析过程中，注意材料的来源、内容，了解材料发生的背景，而且也注意吸收别人对这些心理现象的分析经验和理论结论，使分析不断地深入下去，呈现出他的理论发展所显示的那种层层递进的强烈特色。

他在研究日常生活中的语误时，充分地考虑了德国著名的心理学家冯特的研究成果。这位实验心理学的奠基人在当时出版了一本有关语言发展的著作，论及语误的表现。

依据冯特的意见，这一类现象是有心理学上的根源的。他说："首先，已经说出的声音可以引发一串声音与字词的联想流，这是促成语误的最大原因。平时，我们心中原有一股意志的力量在压制着这种联想流；它一旦松弛或低沉，语误也就容易发生了。此外，注意力如果不专注在某一方面，有时也可能造成语误。这种联想的作用，也许因其表现互不相同而造成不同的语误形式，有时不应该出现的语音提早来临，或者说过的语音又再重复，有时一个常见的声音嵌入其中，更有的时候，在替代和被替代的词之间不存在发音方面的相似之处——以上种种原因只在方向上有所区别，或顶多也只是联想发生的情况有所不同，至于其根本性质，则是一样的。"

冯特的这一结论，对于弗洛伊德富有启发性。弗洛伊德进一步说促成语误的因素，如未受抑制的联想流，或压制力的松弛等，通常是同时发生作用。所以，这两种因素不过是同一历程的不同原因而已。伴随着这一松弛，或者更确切地说，经由这一松弛，注意力不再受抑制，联想的思潮遂能无羁地驰骋。

弗洛伊德还认为，语误的原因不能单纯地全然归之于冯特所说的那种"声音的触发作用"，还往往可以在语句的原意之外找到某些影响。

弗洛伊德说："干扰可能来自某一潜意识思想，只在这一次语言谬误里透露出蛛丝马迹。唯有经过分析的努力才能把它带到意识界来；或者它也可能来自一种更为广泛存在、而又同这整句话有矛盾的心理动机。"

由此可见，弗洛伊德把冯特的研究成果向前推进了一步，终于在潜意识中找到了语误的真正根源。

他说："我并不否认，有某些定律支配着字音的互换。但是在我看来，单是这些条件的存在，绝不足以造成言语上的错误。只要我们更深入更逼近地去研究、探讨，我们就会发现，它们原只是某种更不相关的动机临时借用的现成转机罢了。这个真正的动机，根本与这些声音的近似毫不相干。因此，以替代的方式所表现的语误，绝大多数并不遵循这种发音方面的定律。"

为了使自己的心理分析饶有趣味，弗洛伊德在《日常生活的心理分析》一书中，经常引用文学名著的有关段落进行说明。任何一个阅读《日常生活的心理分析》的读者，在阅读这本书以后都将会感到，自己所得到的知识不仅不局限于心理学方面，而且也包括文学知识方面。在这本书中，不仅表现了弗洛伊德的渊博的文学知识，而且也表现了他擅长把文学和心理学结合起来。

在《日常生活的心理分析》中，弗洛伊德更多地引用自己的或亲友的生活经历进行分析。弗洛伊德在这一时期已经遭受到各种攻击，其中最主要的攻击是他的理论取自精神病人的材料，是依据变态心理，因此，不适用于常态心理的活动规律。正是为了反驳这一攻击，弗洛伊德在这一时期才决定撰写这本《日常生活的心理分析》。他的目的正是为了对常态心理，特别是日常生活中的心理现象进行分析。所以，他有意地尽可能少使用精神病人的心理现象。

在分析遗忘现象时，弗洛伊德引用了自己的大量经历。我们不妨也引用其中数段，了解弗洛伊德的理论观点，了解弗洛伊德的性格、作风和品质。

1900 年夏天，有一次，为了一件芝麻小事，弗洛伊德太太惹得弗伊洛德恼怒。当时，他们正在一家餐馆吃饭。有两个不识趣的人坐到他们的对面；其中有一个是维也纳人，而且同弗洛伊德曾经有过交往，但后来关系决裂了，弗洛伊德很讨厌这个人。

弗洛伊德太太并不了解他们之间的矛盾和冲突，对此人的声名狼藉也毫无所闻，所以，就很自然地与他攀谈起来。在谈话中，弗洛伊德太太还不时地询问有关的问题，对那个人的谈话表示欣赏。在这种情况下，弗洛伊德终于忍不住，发起脾气。

几星期后，弗洛伊德偶然地向一位亲戚抱怨他太太不懂事，但一谈起饭馆里他太太同那个人的谈话，他却连半句话也回忆不起来。这是什么原因呢？弗洛伊德并非健忘的人。

弗洛伊德说："我原是个常陷于自我烦恼的人，不轻易忘记那些令我困惑的经历。所以，这次健忘，显然是尊重我妻子，不愿失她面子的结果。"

为了说明这个问题，弗洛伊德又举了一次类似的例子。那时，弗洛伊德太太偶然说了一句蠢话，不由得使弗洛伊德发笑。几个小时后，弗洛伊德一位很要好的朋友来访，彼此畅谈甚欢。弗洛伊德想重述太太讲过的蠢话，不料连一个字也记不得了。倒是他太太大方，主动说了出来，才解了弗洛伊德之窘。这又一次说明，弗洛伊德的遗忘是他热爱和尊重自己太太的结果。

与此相类似的例子则表现在：弗洛伊德每当来到他亲密朋友家门口，就不由自主地掏兜拿钥匙，就像他到自己的家门口所做的那个动作那样。弗洛伊德分析，这也说明，两人的感情密切，可能导致潜意识中的那些原来自家人关系的因素突然显现出来，表现出"如同到家一样"的错觉。

与此相反的例子则是那些关系恶劣、感情疏远的人，常常使弗洛伊德在遇到他们时，不由自主地做出一些表示疏远的行为，致使自己发生“遗忘”、“误置”、“误判”等言行。

有一次，一位公司主管请弗洛伊德去看病。一路上弗洛伊德总觉得自己对那个地方很熟悉，似乎常去那幢建筑物的楼上应诊，而那家公司的招牌就在那幢楼的楼下。

但是，关于这些事情弗洛伊德却想不起更多的具体内容，也忘记了那所建筑物的模样。一般人遇到这类事情往往弃之一边，不加注意。弗洛伊德却不然，他时时抓住日常生活中的小事，想方设法去寻找与这些小事有关的心理活动规律。

弗洛伊德对上述小事也抓住不放。他全神贯注地进行思索，点点滴滴，收集一切有关的材料，终于找到了线索。原来那家公司就是他过去常去探望病人的费希尔公寓。一想起这件事，原来模糊的那些事情顿时清晰明朗起来。

弗洛伊德回忆，费希尔公寓的病人，并没有给他造成不好的印象。造成上述遗忘的，是另一件事。不久前，当弗洛伊德到这个公寓探访病人时，在路上遇到一个泛泛之交。

此人曾在几个月前被弗洛伊德诊断为患泛发性麻痹症，但没几个月他的病症就消失了。实际上，这是一种假象，这种表面的和缓恰恰表明他很可能患上了更严重的麻痹性痴呆，这是一种晚期梅毒。但这个病人却自以为病症好转了，所以，在街上遇到弗洛伊德的时候，表现了自鸣得意和嘲笑弗洛伊德的姿态，弗洛伊德对此大为不满。大概是受了这件事的影响，弗洛伊德才忘掉那幢房子。

这个被遗忘的事情是怎样被回忆起来的？弗洛伊德认为，在一般情况下，这种遗忘较难重新忆起。因为这种不愉快的经历照例已被压抑至潜意识中去。

弗洛伊德发现，它所以能被忆起，主要是其中的一些因素与意识层的某些因素有联系：

第一，那个人患的麻痹性痴呆，由于属于性病一类，所以，往往会引起潜意识的兴趣。

第二，那个病人的身份与弗洛伊德这次要探望的病人一样，都是公司的老板。

第三，同弗洛伊德一块给那个病人诊断为麻痹症的医生恰恰是姓费希尔，与费希尔公寓同名。

德国哲学家尼采曾说："我的记忆说：'我曾做过那件事。'但我的骄傲说：'我没有做过'，而且坚持不让。最后我的记忆让了步。"

弗洛伊德很重视尼采的这句话，因为它表明，在人的一生中，那些痛苦的、引以为耻的、有损良心或尊严的经历，往往被压抑至潜意识中而被忘得一干二净。

弗洛伊德认为，凡是那些能去除痛苦经历的事情，都自然地成为最牢固、最可信的记忆。诗歌、传说、民族传统等，具有振奋民族精神和扫除民族耻辱的"净化作用"，因此，它们往往传播得很广，为人们所记忆和传颂。

关于《日常生活的心理分析》这本书，其内容之丰富、生动，并不亚于《梦的解析》。我们从引用的极少数材料中，已经足以看到弗洛伊德研究科学所特有的品质。而且，由此也使我们看到，他的潜意识理论及整个精神分析学，不仅适用于变态心理，也同样适用于常态心理；它是以研究整个人类心理活动规律为对象的科学理论。

在《日常生活的心理分析》一书的最后一部分，弗洛伊德作了简要的结论。这一段结论非常重要，有助于我们把握精神分析学的核心，也有助于我们了解常态心理与变态心理的密切关系。

我们应用精神分析学了解到错失和偶发行为的机制，发现它们基本上与梦的形成机制相一致……两者都有“浓缩现象”与“妥协形成”或“混淆”。

潜意识思想，用种种奇特的方式，借着显现的联想，并依附于或转化成他种思想，而成为梦或日常生活中的种种错失……梦和日常生活中的错失之所以会产生黑白不分和是非颠倒，都是由两个或两个以上各具意义的行为奇特地干扰的结果。

由两者的一致性，得到了如下的结论：在人心深处，有一股潜流存在；从前我们追究梦中隐藏的意义时，触及了它的惊人力量。如今，我们已拥有更多的证据，发现它并不是只在睡梦中才大肆活动；它在人们清醒的状况下，也不时地表现在错失行为中。这种一致性，更使我们相信，这些看来奇特反常的心理活动——错失现象，恐怕并不是精神活力败坏或官能病态的结果。

总而言之，不管是错失行为、偶发行为或是最轻微的和最严重的精神病，它们的共通点就在于我们都可以将之追溯至那些最讨厌的和被压抑了的心理因素。这些心理因素虽然已远离意识，却永远都在伺机而动，只要一有机会便会表现出来。

在《自传》中，弗洛伊德谈到了他对日常生活心理现象的研究，他很明确地指出了这一研究成果的重要意义。

他这样写道：

> 如果已经弄清梦只是一种征候，而且各种错失也和梦一样有共同的特点——即冲动的抑制、代用品的形成、妥协形成以及使意识和潜意识分成不同心理系统，那么精神分析学就不再是精神病理学领域中的一个分支，而应是一个深入了解正常人心理状况所同样必不可少的、崭新的和深邃的精神科学的根基。

巩固精神分析理论

大多数人仍然不太重视弗洛伊德的见解。

不过形势正在改变，一方面是由于他已下定决心，要使大众接受他的学说；另一方面是因为他在最具影响力的听众中，宣扬他的“福音”。

他有一次向弗莱斯写信透露：

> 实际上我并不是一个科学家、一个观察家，也不是一个实验家或一个思想家。我的本性，不过是一个冒险家，具有好奇心、勇敢和不屈不挠的特质。

一点儿也不错，一旦弗洛伊德这位“冒险家”获得了教授名衔，安定下来，享受他被赋予的新地位，他就开始崭露头角了。

当时的威廉·史铁喀尔，一位维也纳全科医生，读了《梦的解析》一书以后，成为弗洛伊德最忠诚的追随者之一。他使用精神分析的技术，在维也纳的报纸杂志上广为宣传，后来宣称：“我是弗洛伊德的门徒，他是我的基督！”

1902年，史铁喀尔建议弗洛伊德开一个小型的讨论会。弗洛伊德很感兴趣，随即邀请了两位曾听过他讲学的医生马克斯·科恩、鲁道夫·雷特勒以及最近主攻精神错乱症的眼科医生阿弗瑞·阿德勒，组成了“周三学会”。

“周三学会”成立不久，阿德勒介绍了一个叫兰克的年轻人给弗洛伊德认识，兰克在以后的20年中矢志不移地支持着弗洛伊德。他原在一家玻璃工厂谋生，由于生了一场病，经人介绍给阿德勒诊治，阿德勒发现他是少数在维也纳读过弗洛伊德的书和论文的人之一。

还有两位全力军，一位是漠斯·沙克斯，他曾听过弗洛伊德在大学的讲学；一位是山达·法兰基，他是匈牙利布达佩斯市的精神病医生，读了《梦的解析》一书以后，开始用“精神分析”治疗他的病人。

“周三学会”的成员，以犹太人占大多数，这个事实使弗洛伊德感到有些窘困。而某些人以为，犹太人充斥的原因之一是他们比较容易承受对精神分析产生兴趣后遭遇的半放逐状态。

表面上看来，“周三学会”和那些由志趣相同的科学家所组成的和宣传新的却不受欢迎的观念的社团没什么不同，但事实上却有显著的差异。它是由一个相当小的团体演化为“维也纳精神分析学会”，进而成为“国际精神分析协会”的一个分支机构，这种不同也就更明朗化了。

马克斯·科恩曾经精辟地叙述会员聚会的气氛，他说：“那个房间里，有一种宗教发源的气氛。它使那时充斥的精神分析调查的方法显得浅显。他对学生的要求很认真和严格，不容许他的教导被分歧和歪曲。主观来说，弗洛伊德当然是对的，因为他费了那么大的力气和时间去开创的学说，仍然要和世界上的反对者去抗衡，不能因为犹豫软弱和华而不实的装饰而沦亡。虽然弗洛伊德平时是慈善而敦厚的，但是在阐扬自己的理念时，却坚强而一丝不苟。如果有人怀疑他的科学，他会毫不犹豫地和那个人决裂，即使是最亲密可靠的朋友也不例外。”

不论众人如何看待，弗洛伊德都很少和人妥协。1922 年 5 月他曾率直地给法兰基写信道：

> 我们拥有真理，我现在和 15 年前一样，知道得很清楚。

为此，有人曾指出：“弗洛伊德相信自己的理论绝对真实，以至于他不允许别人反驳。他的敌人把这情形称为心胸狭窄，他的随从者却说这是对真理的热情。”

那些曾修正他们原先的信念，或是觉得一部分精神分析的理论是不能接受的人，弗洛伊德不认为他们是持有正统见解的科学家。“叛徒”对他们似乎是极为适当的字眼，而精神分析的年鉴中这种例子比比皆是。

弗洛伊德相信不和他在同一阵线的人，不是傻瓜便是叛徒，或者两者都是。由于这种观念根深蒂固，他终于和弗莱斯分道扬镳了。两个人需要对方的地方已经渐渐减少，即使他们的友谊不会在反唇相讥的怒涛下消失，也会慢慢变淡的。

他们的关系经历了三个阶段，每个阶段之间的界线并不明显。他们于 1887 年相遇，至 1895 年的夏天，两个人的关系最为紧密。

在意识上，即使当“伊玛的注射”这个梦引起轩然大波时，他们的友谊也未曾减弱；而弗洛伊德虽然进行着自我分析，揭示了“恋母情结”以及完成了《梦的解析》，仍然没有减少对弗莱斯的依赖。但是，那时候弗莱斯似乎已经达到他的事业巅峰。而弗洛伊德呢，尽管他不时流露出悲观的论调，却瞥见前面开始有了伟大的事业。

在他们两个人最后一次见面之后大约 20 年间，弗洛伊德仍相信“周期律”，那时，他们关系的第二个阶段正要结束，第三个阶段正在展开。

整整 3 年，他们不时地通信，但是逐渐发现，两个人现在都在设法独立。

1903 年，弗洛伊德与弗莱斯为了“两性问题”的争论而交恶了。交恶的原因是诚实问题。

早在 19 世纪，弗莱斯就主张不论男人或女人身上都可以找到两性性征。1897 年，弗莱斯曾和弗洛伊德就“双重性征”的问题讨论了很久，当时弗洛伊德拒绝接受这个理论。但是经过几个月的思索，他回心转意了，并于 1898 年写信给弗莱斯说：“我紧抓住你的‘双重性征’的观念，认为它对我的研究工作非常重要。”

第二年，弗洛伊德完全接受了弗莱斯“双重性征”这个观念。但是，他们在阿克汉西见面时，弗洛伊德突然提出“双重性征”的观念，认为那是他的新发现，矢口否认他曾经和弗莱斯谈论过这个问题。

到了 1906 年，弗洛伊德和弗莱斯的关系终告断绝。弗洛伊德就转而争取卡尔·克劳斯——一位编辑的支持。

从现在开始，弗洛伊德正领导一群人数日增的支持者，有时迁回而行，有时勇往直前，虽然横遭险阻，但是永远矢志不移地追求着理想。

弗洛伊德在 1905 年的三种主要出版物中，以不同的方式向理想迈进。

第一本书是《智巧的尝试》，里面所叙述的正如标题注明的是“智慧及其与潜意识的关系”。这本书和《日常生活的精神病理学》一样，阐释日常生活和潜意识的关系，使精神分析的学理，易为一般人所接受。

第二本书是《少女杜拉的故事》，早在 1900 年完成，因为恐怕被人指责为草率，所以一直没有出版。

《少女杜拉的故事》与梦的分析有关，它的本来题目是《梦与歇斯底里》，全书是由病人的两个梦例组成。

弗洛伊德在书中详尽地阐述了如何用梦的解释去揭示并治疗精神神经症的种种症状，毋庸置疑，此书是弗洛伊德这一时期极其重要的作品之一。这部作品不仅是一份严谨的科学报告，还是一个充满悬念、文笔优美和引人入胜的文学故事。

书中的主人公杜拉是一位 18 岁的女歇斯底里病症患者，作为一个极其典型的病例，它吸引了弗洛伊德全部的注意力。为了治疗和研究这个病例，在 3 个月的时间里，他废寝忘食、夜以继日地工作，他在给好友弗莱斯的信中提到：“这个病例为我开启了无数智能之门。”

1905 年的第三本出版作品是《性学三论》，在这里面，弗洛伊德使他早先研究的神经官能症开花结果，叙述“幼儿性欲”的逻辑理论。

《性学三论》是一本仅有 86 页的书，书中贯穿了他在 1880 年以后的各种发现，是一种严谨的“性发展”理论。三篇论文讨论的是：“性的神经错乱”、“幼儿性欲”和“青春期的转换”。

弗洛伊德不动感情的讨论态度以及他的主题，都使当时的人感到受了冒犯。

弗洛伊德认为，幼儿的性欲有三种连续的类型。最初是“口腔活动期”，快乐源于从母亲的乳房摄吸奶汁；接着是“肛门活动期”，由于抑制住粪便而产生快感；第三是“阳物崇拜时期”，呈现出“恋母情结”的乱伦幻想，然后进入潜伏期，直至青春期。

弗洛伊德在《性学三论》里没有清楚地把这三种不同的活动划分开来，后来他估计，肛门阶段大约始于两岁。而性器阶段要迟一两年才会发生。

弗洛伊德后来从两方面来演绎性本能发展的理论：

第一，他主张这些不同形式的性冲动的满足与表达，抑制和升华，都支配着成年人的性格。

第二，他主张在任何一阶段的被抑制和以后的精神失调有关系。譬如说，在口腔阶段早期的被抑制，与提早衰老性痴呆症有关；口腔阶段后期的被抑制，与忧郁症有关。肛门阶段早期受抑制则会造成偏执狂，肛门阶段后期受压抑会引起分神精神病，而性器崇拜阶段的失调，则引起歇斯底里病症。

这些理论的命运各有不同。许多证据似乎支持幼儿性欲的三分法，以及被压抑的冲动与精神失调有关的假设。比较无法证实的是，早年本能的满足、压抑和升华都会影响成年人的性格。

弗洛伊德的《性学三论》在某些地方受到欢迎。在英国，《英国医学杂志》几乎用了一页的篇幅来赞扬弗洛伊德，结论指出：

当然，如果你对作者的睿智、勇气和追求真理的无止境耐心没有深切的认识，你是不能读这些论文的。读了它们后，就不会再怀疑，为什么我们需要对逐渐揭开的性生活有全部的认识和更谨慎的引导。

从1905年年底开始，尽管弗洛伊德受到许多人的指责，但他的名声也正逐渐地提高。不久，他在英国、美国和瑞士又有了很多支持者。

在英国，拥护者以恩斯特·钟士为中心，他是26岁的威尔士人，在伦敦大学附属医院工作。

他的身材瘦小，脸部轮廓很深，只有下西洋棋和花式溜冰这两种嗜好。钟士的工作能力极强，而且一直忠诚不移地支持精神分析。1905年他读了一篇介绍弗洛伊德理论的论文，从此知道了精神分析。他非常感动，因此便开始学习德文，希望能阅读弗洛伊德的原文。

结识卡尔·荣格

1900年，25岁的瑞士医生卡尔·荣格，成为尤根·布罗拉的助理医生。荣格显然接受了布罗拉的推荐，读过《梦的解析》一书。他认为那是一本杰作。

精神分析在瑞士所受到的支持，不仅扩展了弗洛伊德思想生根的领域，并且也使它被运用到更宽广的人类层面中。

荣格对弗洛伊德的浓厚兴趣起源于1905年，几年后荣格写道：

> 一方面，我的科学良知不容许我让弗洛伊德的好学说被忽略；另一方面，我的良知也不容许我鼓励他的理论中所出现的荒谬主张。
>
> ……
>
> 我立即怀疑，一部分穷凶极恶的性理论会使人们晕眩，我已经牺牲我的科学事业，应当尽我的努力来抵抗对精神病学的绝对贬抑。

1906 年 4 月，荣格寄给弗洛伊德一本他新出版的《临床联想研究》。弗洛伊德曾经买过一本荣格的书，现在很热忱地回信给荣格，并相信荣格将会永远支持他的主张。

荣格曾经叙述他和弗洛伊德的首次见面，认为从任何角度来说那都是历史性的时刻。一方面，荣格身材高大、挺拔，脸上刮得干净、头发剪得很短，除了他的金边眼镜外，他简直就是德国英雄齐格飞的翻版。

正如弗洛伊德的儿子马丁形容的："他不像一个研究科学的人，倒非常像一个魁梧的战士。"另一方面，比他大 20 岁的弗洛伊德，已经是一个学术领域的领袖，正在招募义勇军，急于调兵遣将踏上战场。

荣格后来这样写道：

> 我们在一个下午见面，连续谈了 13 个小时。弗洛伊德是我所遇见过的第一个真正重要的人，以我那时候的经验认为，没有任何人可以和他相比。我发现他极有智慧、精明而且令人难忘。但是我对他的第一印象仍然有些纷乱，我不能完全了解他。

弗洛伊德相信，在布罗拉手下的瑞士人，不仅可以在瑞士扩展精神分析的使用，而且可能组织一个相当于"维也纳精神分析学会"的组织，一旦如此，将更有助于精神分析的传播。

弗洛伊德已经看出，荣格这个年轻人在未来的岁月里，足以继任为总司令。他在 1907 年春天写信给荣格说："我现在知道，我和任何人一样都是可以替换的，除了你以外我想不到有更好的人选代替我。我有幸能认识你，去继续完成我的工作。”

弗洛伊德研究精神分析的头几年，信徒几乎完全是犹太人，使他产生了矛盾的心理。后来，当精神分析的理论逐渐稳定了，弗洛伊德才敢说：“我不知道，精神分析是犹太人精神的直接产物这种说法是否正确，但是如果真的这样，我也不会感到惭愧。”

布罗拉的僚属大都不是犹太人，荣格是亚利安种族的理想人物，无怪乎弗洛伊德会在原则上欢迎瑞士人，尤其欢迎荣格。荣格不仅能在意识形态上支持弗洛伊德，更可以使弗洛伊德不再被人攻击为“种族主义者”。

弗洛伊德在他的学术论文中写道：

> 亚利安种族的突击队员，正是我们不可或缺的，否则精神分析将陷于反犹太主义的浪潮中。

非常可笑的是，不到10年，当荣格离开弗洛伊德的圈子，开创他自己的学派时，弗洛伊德居然痛心疾首地抱怨荣格，说荣格是反叛犹太人。

美国对精神分析的接纳，究竟到了什么程度，仍然是一个未知数。因此，1908年年初，当弗洛伊德听说有一个年轻人急于把他的作品翻译为英文在北美洲出版时，感到了些许的诧异。荣格告诉他：“目前美国朝野对精神分析的兴趣非常大，因此在那里出版译著，倒不是件坏事。”

那位年轻人是亚伯拉罕·布利尔。他15岁时离开故乡奥地利，移居到美国，20世纪初曾接受精神分析医生的训练。1905年，他去观摩维也纳的诊所，离开时，有一个年轻的奥地利人问他：“你为什么不来维也纳，向弗洛伊德学习呢?”

两年以后，在一位哥伦比亚大学教授的介绍下，布利尔进入瑞士的布罗拉手下。他说：“在布罗拉教授明智的领导以及他主要助教荣格的蓬勃精神影响下，每个人都不懈怠地工作，来实践弗洛伊德的理论。当我被任命为诊所里的常驻助手后，我更以全副精神做先锋性的工作，测验及应用弗洛伊德的理论架构。”他也开始研究荣格的“痴呆性心理学”。

下一步骤是将弗洛伊德早期的著作翻译成英文。布利尔回忆道：“那时我根本不知道这个工作的艰巨，我被一股强大的迷惑力所鼓动，它把我 10 多年的闲暇时间全都占据了。我并没有刻意地去创造美的文学辞藻；我感兴趣的只是把这些新的观念转变为可理解的英文。”

当精神分析开始向英语世界进军时，新成立的组织中逐渐出现了分歧的意见。“维也纳精神分析学会”内有了纷争，并且和苏黎世集团间有所摩擦。

弗洛伊德处理这些麻烦的态度很明智，他尽可能地对双方采取抚慰的措施。在这里以及后来那些大家各持己见却都不了解焦灼点的争执里，弗洛伊德调和了法官的严肃与和蔼可亲的人道主义气氛。

只有到后来，当争论涉及他个人，当别人对他这位精神分析运动的宗师角色发出挑衅时，他才呈现出一副不同的面孔：他是一个总司令，在发现叛变的蛛丝马迹时，他也会像一个久经风霜的成熟政治家，施展出无比坚定的铁腕。

这个时候，大家正紧锣密鼓地筹划一个邀集所有对精神分析有兴趣的在职人员参与的大会。荣格提议，这次大会应该在 1908 年春天举行。

弗洛伊德在 1907 年 12 月把这个意见大纲告诉全体会员，次年元月初，就拟定了一份正式的邀请函，上面写道：

> 弗洛伊德学说的各地弟子，已经表示希望每年聚会一次，借以讨论实际经验和交换心得。虽然目前弗洛伊德的追随者不多，但遍布在欧洲各地。因此有人建议，我们的第一次会议，应该紧接在今年于法兰克福举行的第三届实验心理学会后举行。

荣格成为这件事情的主要承办人，于 1908 年年初到苏黎世去见恩斯特·钟士。钟士回忆道："我记得我劝他不要执意地把它叫作弗洛伊德式的心理学大会，因为那名称触犯了科学的客观性，但他不接受我的建议。"

这时候，弗洛伊德自己却设法避免担任主席，他向荣格强调："如果由我的拥护者之中最资深和最具权威的布罗拉代替我领导这项运动，将可以在国外给人较好的印象。"

荣格知道，布罗拉一定会拒绝，所以根本就没有去问布罗拉。因此，虽然大家都知道弗洛伊德是支配大局的人物，但这个会议却在没有主席的情况下进行。

大会于 1908 年 4 月 27 日在萨尔斯堡举行，总共有 42 人出席：奥地利人占了半数以上，瑞士 6 人，德国 5 人，两人来自匈牙利，布利尔代表美国，来自英国的有恩斯特·钟士和他姐夫——英国的著名医生威佛瑞·特洛特。

弗洛伊德在大会上发表演说，题目是后来国际知名的病例"老鼠人”。之所以患者有这么个怪名字，是因为他对老鼠过度恐惧。他演讲的过程以及背景的解释，深深地吸引了他的听众。钟士叙述那时的情景说：“弗洛伊德没有带演讲稿，从8点钟开始讲，11点左右就要作结尾了。由于我们都如醉如痴地倾听他那吸引人的剖析，因此要求他继续讲下去，于是他又延长了一小时。”

在萨尔斯堡，钟士演讲“日常生活的合理自圆化”，荣格讲“痴呆症的病因”，而阿德勒讲“在生活上和神经病因上的虐待狂”。

除了弗洛伊德以外，每个演讲者有半小时的演讲，接着是问题解答时间，中午休息后又继续。

会议结束前，曾经讨论要设立一个国际性的组织，并且决定开始发行一本年鉴，即精神分析学、精神病理学年鉴，在弗洛伊德和布罗拉的监督下，由荣格担任编辑。这个决定，使维也纳人敢怒而不敢言，他们觉得自己开始被冷落了。

早在萨尔斯堡大会以前，维也纳人和瑞士人和睦相处的可能性就很小。荣格在苏黎世对钟士说：“弗洛伊德在维也纳找不到一个举足轻重的追随者，那里都是一些‘卑贱和狂放的群众’，对他只有贬损，而没有益处！”

但是无论如何，萨尔斯堡的大会是成功了。重要标志之一是成立了“维也纳精神分析学会”。此外，大会使弗洛伊德与荣格间起初萌发的分歧意见冰释了。

弗洛伊德在后来给荣格的信里写道：

> 原来你也很高兴我们的见面，它使我的精神重振了不少，留给我一个快乐的回味。我很高兴发现你如此的朝气

蓬勃，当我再看见你和了解你时，任何的怀疑和憎恨也都消失得无影无踪了。

萨尔斯堡大会以后，精神分析不再局限于一个小小的维也纳团体。亚伯拉罕，他是柏林精神分析学会的创始人，在柏林努力地为此工作。恩斯特·钟士是一个热心的精兵，准备在北美洲大声疾呼，法兰基是在匈牙利的前哨，再加上瑞士学院进一步运用在治疗上，精神分析已经成为一个国际性的运动。

此外，它已显现出左右逢源的成功特质，开始吸引一年前仍对弗洛伊德的观念掉以轻心的人们。

克拉克大学演讲

1908年元月，当布利尔要求翻译弗洛伊德的作品时，荣格断言：美国对精神分析的兴趣极大。事实上那只是一种热心的夸张。兴趣的确是在增加中，但是反对的势力也很庞大。

美国新英格兰州和大西洋沿岸的城市里，许多重要的医学院在成长着，可是清教徒的礼俗仍然顽强。当然，好的方面也有，大致来说，美国的医药界人士，没有与生俱来的对新观念的排斥心理。接受荷尔蒙治疗、化学疗法、电击疗法、精神外科手术以及其他治疗精神病的方法，都是美国人敢于接受新技术的实例。

这些新技术起源于欧洲，但是被美国吸收、改良、修正之后广泛运用。这种开明的思想与反对弗洛伊德的保守思想互相抗衡，结果是，虽然弗洛伊德的理论遭到通常性的攻击，但终于在医学界吸引了一些勇敢的卫士。

当20世纪的头几年，弗洛伊德理论的支持者和批评者纷纷发表意见时，有一些人小心谨慎地开始实验从维也纳横跨大西洋而来的革命性观念。有一位是詹姆斯·普特南，他是波士顿市的著名医生、哈佛大学的神经病学教授。他曾在巴黎师从沙考特，在维也纳游学于梅纳特，在伦敦师从哈佛林·杰克生。

普特南对精神分析的兴趣始于 1906 年。那一年是精神分析在美国被接纳的关键性 4 年中的第一年，各种精神分析的技术已被用到纽约州白原市的布鲁明戴尔医院。1908 年，布利尔从欧洲回到美国，他在纽约开业，成为美国第一位专业性的精神分析师。

同年，在北美洲加拿大出现了弗洛伊德的主力军，如果没有他的努力，精神分析在美国和加拿大的命运将会完全不同。新加入者是恩斯特·钟士，弗洛伊德和他是在萨尔斯堡经人介绍而认识的。此后 50 年，钟士是这个运动的忠诚执着者，甚至比弗洛伊德本人更执着。

钟士于 1908 年年底到达加拿大的多伦多市，主持一所大学的精神分析诊所。

一个月后，他报告说，他将要去波士顿和纽约访问。但是他加上一项警告："我对于目前的兴趣趋势，不抱太大的希望。因为美国人是很奇怪的，他们有自己的习惯。即使表现出好奇心，也并不表示真正有兴趣。他们对于进步的态度是值得深思的。他们想要知道最新的治疗方法，但一只眼却又紧盯着金钱，只想到可以获利多少。"

1909 年 2 月，钟士完成了首度的美国之行。这次旅行让他感到有些悲观，但还是很快就有人开始安排弗洛伊德在这年的下半年去访问美国。邀请人是史丹利·何尔，自从 1889 年马萨诸塞州乌斯特市的克拉克大学创校时起，他就担任校长。

1908年年底，何尔写信给弗洛伊德，他说："虽然我没有认识您的荣幸，但多年来对于您的著作有极大的兴趣。我已经勤勉地拜读它们了，我对您的追随者的著作也曾涉猎。"

何尔接着问弗洛伊德是否能在他们7月间举行的20年校庆时来访，发表4场至6场的演说。他说："我们相信，现在来发表您自己的见解与研究成果将是适逢其时的，也许在某一方面来说，精神分析在美国的发展史上，将会创下新的一页。"

但弗洛伊德拒绝了，原因是他的工作要到7月底才能结束，早一点搁下工作，会使他损失几千德国金币，而克拉克大学只答应给他400美元补贴他的旅费。他对荣格说："我并不是有钱人，损失不起五倍于补贴费的金钱，尤其只是为了向美国人传播知识。"

但是，何尔在1909年2月再次写信告诉弗洛伊德，庆祝活动已延迟到9月举行，旅费已经增加到750美元，并且还答应给弗洛伊德一个荣誉学位。弗洛伊德立刻接受了在这个新条件下的邀请。

弗洛伊德非常明白演讲的重要性，他下定决心尽可能地避免出现任何差错，并建议法兰基陪伴他和荣格。法兰基答应了，他带给了弗洛伊德无限的支持力量。

他们三个人搭乘"华盛顿总统号"轮船横渡大西洋。弗洛伊德很高兴地发现，服务员正在读他的《日常生活的精神病理学》。他们三位旅客以分析彼此的梦来消磨船上的时光。当他们抵达时，布利尔已在岸上迎接他们了。

两天后，钟士从多伦多赶来，于是5个人花了一星期时间观光。弗洛伊德在大都会博物馆研究希腊的古玩。

在古董店时，弗洛伊德情不自禁地买了一个中国玉碗收藏。他们参观了柯尼岛，在一个屋顶花园吃饭，并且参观了哥伦比亚大学。另外，弗洛伊德和法兰基在一家曼哈顿区的戏院，生平第一次看了电影。

1909 年 9 月 4 日，星期六的晚上，布利尔安排大家搭乘夜轮到幅尔河，那是到达乌斯特市之前的最后一段旅程。史丹利·何尔夫妇早已在恭候他们了。

第二天，何尔邀请弗洛伊德为他家中的贵宾，并说："欢迎您到美国来。这里的人对您的见解有既深且广的兴趣。出席您的演讲会的听众，将是各界的精英。"

校庆演讲会是在以创校人左纳斯·克拉克命名的大厅中举行的，内容包括了许多学科：数学、物理学、化学、生物学、历史学和教育学，这些科全都有人演讲，而心理学方面共有 14 场演讲，包括弗洛伊德的 5 场和荣格的 3 场。

弗洛伊德的第一场演讲在 9 月 7 日，星期二举行。但是几乎到最后一刻，他还不知道自己要说些什么。

此前，当他和荣格谈到他们的讲题时，他们决定在横渡大西洋时再讨论。但是在轮船上，他们只顾分析彼此的梦。到达乌斯特以后，弗洛伊德觉得似乎应该把讲题限制在"梦"上面。但听了钟士的建议后，他们又决定把范围扩大。

在这个问题上，法兰基扮演了一个重要的角色。弗洛伊德在《自传》中记录了这次事情：

早上，我演讲的时刻即将到来前，我们一起在校园里散步。我要法兰基建议我在那一天应该讲些什么。于是他告诉我一个轮廓。半个小时后，我就照他的意见发表了即兴演讲。

第一天早上是最具关键性的时机。弗洛伊德后来写道：

在欧洲，我觉得自己好像被人轻视，但是在克拉克大学，我发现我被大多数人平等相待。当我踏上讲台时，好像实现了奇怪的白日梦，精神分析不再是一种谬见，它已经成为现实中有价值的一部分。

事先未做周全的准备也有好处，演讲开始前的最后一刻，他决定发表一个开门见山而没有多少学术性兼术语性的演说，来解释精神分析的发展原因。

这次演讲不仅在克拉克大学被听众热烈地接受，甚至于精神分析从早日的简单观念演进到一个由许多不同且时有争执的信念与理论所构建的迷宫的今天，仍受到人们的欢迎。这次的演讲等于是这门科学的最佳大纲。

在第二天的演讲中，弗洛伊德解释了他为什么放弃催眠术，而发展布洛尔的方法。他叙述“压抑”与“阻抗”，阐述布洛尔的技术成长为精神分析的过程，并以“歇斯底里的研究”中的一个病例作为范例。

只有在第四次演讲时，他才谈到复杂的“性”问题，尤其是“幼儿性欲”。

在最后一次的演讲中，他很快地介绍了“情感转移”的问题，然后谈到成功的精神分析可能导致的三种结果：

第一，一旦被抑制的潜意识带到表层时，我们就能成功地掌握它。

第二，它可以升华为不同而更有用的目的。

第三，只要“某部分被压抑的性冲动”被带到意识内，它们就可以为人们所享受。

他总结时说：“我在这里，必须感谢诸位的邀请，以及听讲时的专注。”

9月10日的晚上，弗洛伊德和荣格都得到了荣誉博士学位。典礼包括“许多的仪式和华丽的服装，有各式各样红色和黑色的袍子以及带金穗的方帽子……”

介绍弗洛伊德的赞词如下：

> 维也纳大学的西格蒙德·弗洛伊德，一种学术上的新方法和成就的创始人，性心理学、心理治疗学和精神分析学的领袖，也是法律博士。

值得注意的是，耶鲁大学和哈佛大学连非正式的邀请函都没有发出，而弗洛伊德只是以一个普通游客的身份去参观哥伦比亚大学。但是，1909年9月以后，情形开始慢慢地改变，不仅是因为弗洛伊德对他的听众产生了影响，也因为报纸杂志把他和他的工作介绍给了一般大众。

弗洛伊德一行人将于9月21日起程回欧洲，在剩余的一周假期里，他们游览了尼亚加拉瀑布，在这次有导游的旅行中，他终于大饱眼福。可是发生了一件令他不悦的事情：

在“风穴”（那里可以登上水珠四溅的栏杆，从一个特别的角度看万马奔腾般泻下的水势）时，弗洛伊德和大家走在一起，导游却拦住其他的旅客说："让这位老年人先走。"这个举动让 53 岁的弗洛伊德虽然不太高兴，但他仍保持着出门游玩时的雅兴。

在美国时，弗洛伊德寄了一张瀑布风景明信片给女儿苏菲，然后越过加拿大，大家合寄一张问候卡给布利尔太太，上面签了"亚伯、弗洛伊德、法兰基和荣格"的名字。

离开尼亚加拉瀑布后，他们前往阿德隆德克，那里将有 40 多人聚集。普特南的营地位于纽约州可依尼谷巨人山的山麓，于 1875 年由普特南本人和波士顿的医生朋友们建造。长长的木屋建造在一块空地上，前面是一条湍急的溪流，有些屋子已经装饰好了，宾客住在不寻常的豪华与朴素相混合的建筑物中。

9 月 16 日，普特南营地的记事本上记载：

> 普特南博士从波士顿抵达，路意莎·李查逊和安妮·普特南小姐，以及三位外国博士于 15 日从宁静湖抵达。

招待人员有一点搞不清楚来宾的国籍。弗洛伊德是奥地利人，荣格是瑞士人，法兰基是匈牙利人，可他们却发现屋里挂着德国的国旗。

那天晚餐后，荣格唱德文歌，有一位来宾以钢琴伴奏。有两个人教弗洛伊德和法兰基玩西洋棋。大家心情都很轻松，尽情地享受。

弗洛伊德于 10 月 2 日回到维也纳，对这次美国之行感到很满意。他现在知道，精神分析在美国不会再遭忽视，反对的情况的确比他想象的要少，这可能是由于恩斯特·钟士准备工作做得好。但是如果不是弗洛伊德在克拉克大学的一番演讲，这项“主义”不可能安全地渡过美国这道分水岭。

1910年年初，钟士在美国心理学协会前宣读了一篇精神分析的论文，几个月后成为美国精神病理学协会的创始人之一。

翌年，布利尔创设纽约精神分析学会；同时，钟士为散布在全美其他地方的分析师而创设美国精神分析协会。当精神分析开始蓬勃发展时，普特南更提供了稳固的支持，他的地位崇高，美国人都唯他马首是瞻。

成立精神分析协会

柏格街 19 号的日程表是非常规律而且几乎不可能变更的。

弗洛伊德早上 7 时起床，他的理发师就为他修剪头发和胡须。早餐后，8 时开始上一节 55 分钟的精神顾问课，一直持续到 13 时。然后吃午餐，每节中间有 5 分钟休息。

午饭后休息时间，他会在散步时去吸雪茄——每天有固定的数量。下午 15 时他再度开始工作，一直工作至 21 时或更晚。晚餐后又有短程的散步，然后回到书房去写作或回信。以独处的方式结束一天的工作是很重要的。

弗洛伊德像一位战区司令官一样，相信聪明的指挥官“应该依照建议，于晚上吃完饭后回到他的营帐，以便有单独的时间去安静地反省”。

星期天，他会到母亲住处，与她共进午餐。晚上，他母亲则经常由女儿陪同，到柏格街 19 号进餐。周末，可能有同事来访或和孩子们去散步。总之，凡事都依计划而行。

弗洛伊德正在致力完善“国际精神分析学会”这个组织，他希望能指导精神分析使之发展于全世界，并且能受他的控制。这个主意曾经由他、荣格、法兰基和钟士等人在克拉克大学的庆祝会上讨论过。

原则上他们都同意由前一年曾经组织过萨尔斯堡大会的荣格负责安排一个1910年的大会，并在会后使国际性的精神分析协会取代原来的“学会”，而成为一个永久性的机构。

钟士后来回忆道：“如果一定要我指出，我们之间是谁领导着新协会章程的拟定，我应该说是法兰基，因为当大会开始后，他也是推动方案必需的人。”

但是无论如何，钟士本人是设立那个组织的一种主要影响力，后来他曾担任会长许多年。在乌斯特，弗洛伊德注意到，钟士曾经怀疑自己在这逐渐成长的运动中究竟该扮演什么样的角色，但这种疑虑在1910年春天已经完全消除了。

钟士写信给弗洛伊德，告诉他说：“大约七八个月以前，我决定不仅以我所有的力量和办法来继续推行精神分析学说，而且还要以您个人所决定的任何办法来推行它，并且尽可能地完全遵照您的建议去做。”

现在所有的事情都已就绪，等待弗洛伊德的是创建这个组织——必要时他可以在幕后发号施令。他的动机是可以想象得到的。作为一个新治疗法的创始人，他自然想要维持他的领袖地位，那是他20年来向上挣扎的回报；作为一种运动或一个主义的创始人，他有近乎宗教的信念，他有义务保持不容置疑的控制权。

在一封致布罗拉的私人函中，他又向前走了一步。他说：“我认为有必要设立一个组织，这个组织应该有一个中央机构可以执行对外政策，并且发布权威的消息，告知世人什么是精神分析可行的措施。”

20世纪的头10年，精神分析在欧洲的学术界只得到一个小小的桥头堡——瑞士苏黎世布罗拉的伯赫兹医院。如果要实现弗洛伊德所希望的目标，那个桥头堡必须要扩大。在未来的岁月中，精神分析必须包含在已经发展的学术里，才不致仍是一个孤立的信念或实践的小岛屿。

弗洛伊德知道，为了使全世界接纳他的理论，奋斗将是漫长而困难的。不过，在1910年3月于纽伦堡举行的大会上，却可以报告一个令人振奋的消息。他将对未来的希望，通过演讲《谈精神分析治疗与未来的展望》表现出来。

但是在纽伦堡，弗洛伊德脑海中所想的都是如何创设一个他能控制的国际性组织。因此，如何发展精神分析使其成为治疗上的新方法的主题几乎被掩盖了。

他开始相信两件事情：第一，精神分析被认为是“犹太人观念”所造成的发展上的阻碍，不亚于被认为是“色情玩意”所招致的排斥；第二，现在必须要有一个有胆识的领袖人物，不受他在二十世纪初期所招致的批评与重压束缚。

弗洛伊德非常不相信一般人的能力，因此他不采用在科学社会里的民主态度。他希望出现一个杰出的“领袖”来领导精神分析学会的分支社会和会员的行为。此外，他更希望那领袖居于永久性的地位。

在弗洛伊德的心目中，只有一个候选人可以当那个“帝王”，那就是荣格。虽然在世人的眼中他是和维也纳犹太人抗衡的力量。然而弗洛伊德认为，自己可以在他身上施行必要的影响和控制。

弗洛伊德到达纽伦堡，那里云集了50余位精神分析师，主要的目的在于提拔荣格，但时机却没有成熟。尽管布罗拉和荣格逐渐不和，但瑞士派的这个集团的确可以和维也纳的集团相抗衡，所以在这个时候，维也纳人不可能帮助荣格坐上那个宝座。

但是，法兰基这位匈牙利人，却愿意在奥地利和瑞士之间发生的任何不愉快中充当调和人角色；他还建议在纽伦堡建立国际精神分析协会，并以荣格为永久会长，赋予特殊的权力：委任及革除精神分析师、审核会员们所撰写的关于精神分析的文章内容。法兰基讲了许多支持荣格的话，却引起了威廉·史铁喀尔的抗议。

大会并没有留下讨论的所有记录，但是从口角发生、主席宣布休会持续到第二天这些事实来看，当时的火药味一定很浓。复会以前，维也纳的出席者由史铁喀尔召集到他旅社的房间开会，他们没有邀请弗洛伊德参加。

最后，各方终于达成了妥协。决定取消出版前的审核稿件权，再者，虽然会长应该由荣格担任，但是那并非终身职务，而是只有两年。

1910 年 4 月 6 日，“维也纳精神分析学会的会员”聚会时，维也纳和瑞士两派之间又呈现不和。弗洛伊德指出，维也纳学会必须按照国际协会的要求。又说直至现在，维也纳的会员们一直是他的上宾，但是以后将不能再如此了，他们必须订立规程，在别的地方正式聚会，并且选举一位会长。

精神分析主义正在蓬勃发展，弗洛伊德以一种开阔的乐观精神，开始准备一个大会，并希望能吸引美国人。因此，他和其他会员都认为会议应该在 1911 年秋天举行，因为，秋天比春天更适合远道的宾客。

钟士留在加拿大的多伦多，因为他能够为美国代表出席 1911

年秋季的大会铺路。首先有人提出罗卡诺为大会地点，但是后来决议在威玛，于是第三届大会于9月举行，地点就在威玛。

美国队伍包括布利尔、阿梅斯、何尔女士，最重要的是詹姆斯·普特南也参加了。他的出席，使大会增色不少。

1911年8月和9月初，弗洛伊德和家人到阿尔卑斯山的波尔查诺度假。接着起程到威玛，路经苏黎世和荣格见面。荣格请弗洛伊德去他在柯斯纳何的家，而普特南已经在那里做客了。

拓展精神分析领域

精神分析运动在第一次世界大战前夕，分裂成为 3 个团体：一组追随弗洛伊德；另一组追随荣格；而另一组较不重要的阿德勒派则在外围活动。分裂的原因是对精神病因及其治疗有不同的见解。

弗洛伊德誓死领导精神分析运动，使它严格地在他自画的界限里，而荣格同样对自己满怀信心，于是竞争呈白热化。虽然以往的争执都集中在精神分析的医学价值方面，但这时候，却有了新的发展。“人类的活动经常是由深藏在潜意识的不知名的冲动而造成的”，这种不容置疑的证据，已经逐渐使精神分析被非医学界的人们重视与应用。

一旦学者们承认，人类可以被他们所不知道的各种动机驱使，那么不可避免地，这个事实就应该被用来帮助解开历史和传记的谜。

推断作家创造小说和戏剧中伟大人物的动机，的确是一项知识分子最感兴趣的团体游戏！但是我们应该记住，18 世纪的英国小说家劳伦斯·斯特恩，为情节而创造及领导书中的人物，而莎士比亚也领导他书中的人物，使观众一直悬疑到剧终。

尽管有这么多限制，但弗洛伊德仍然将精神分析运用到文学创作者和他们的作品上。19 世纪末，他“对触及大自然的最大奥秘之一”的信心已经增加。早在 1897 年，他已在考虑精神分析如何解开民俗文学的奥秘。

在他所倡导的“以精神分析解释文学”还没有获得热烈响应以前，他又提出另一种非临床的运用。他相信：精神分析可以在法庭上，帮助法官判断被告是否有罪。荣格曾经在维也纳大学法律系学生研习会所举行的假设法庭上，为他做了实验。

1907 年，弗洛伊德在海勒出版社的大厅里，向一群专家发表演讲，题目是“具有创意的作者和白日梦”，其主题又回到了对文学潜意识来源的揣测中。

1910 年春天，弗洛伊德完成了他对文学和艺术的短程涉猎，发表了《达·芬奇和他幼年时的记忆》。除了 30 年以后的《摩西与神教》外，这篇文章比起其他非医学著作，引起了更多的争论。

其实弗洛伊德开始对达·芬奇感兴趣是在 1897 年，那时他正和弗莱斯讨论“左右手的使用习惯和两性的关系”。

根据弗洛伊德的研究，达·芬奇是一个私生子，刚生下来的几年里，由他的母亲单独抚养，直至他的父亲比埃洛娶了另一个门第相当的女人后，才被带回家。他真正的母亲，寂寞而且自怨自艾，把她全部的精神溺爱都放在达·芬奇身上，以致培养出他早年的性欲幻想，也造成他日后同性恋的倾向。

达·芬奇被带到父亲家后，我们可以认为他有两个母亲。第一个是卡德莉娜——生下他的农家女；第二个是他父亲明媒正娶的妻子。这情形，解释了为何达·芬奇在巴黎卢浮宫的一幅《圣安娜》

画里圣母和圣安娜的年龄看起来一样，而且两个人都挂着谜一般的“蒙娜丽莎”式的微笑。

据弗洛伊德说，达·芬奇早年曾遇到“蒙娜丽莎”，她引起他潜伏着的性欲，唤醒他潜意识中对母亲卡德莉娜的记忆，以致造成他两个母亲同时出现在一幅画中的情形。毫无疑问，弗洛伊德的论文是“一个特别鲁莽的例子，证明意外的家庭组合所发生的冲击”。

“达·芬奇”研究显示，精神分析已渗透到更广泛的领域中，这种扩展引起许多反对，但弗洛伊德了解势必如此。他也知道，精神分析的方法进入非医学领域，将仅仅吸引完全够理解资格的人，也会吸引第二流的人。

他有很充分的理由忧虑，他曾经写道：

> 急速发展的结果是：精神分析师以及才智高低不齐的业余人员，经常匆匆地集思广益。这样一来已经把研究的范围扩展到神话学、文明史、人类学和宗教科学等领域。可是在那些方面的专家以及一般大众却没有善待他们。一开始时，他们的方法和发现稍稍受人注意，但不久就被无情地排斥了。

被排斥的一个原因是：不够资格的从事者太多。另一个原因是：职业界的许多人仍旧对精神分析用在本身有所怀疑。第二个因素使弗洛伊德在做非医学上的精神分析时小心翼翼。直至1912年，国际协会显然已渡过难关，期刊《影像》才出版。这份刊物由漠斯·沙克斯创始，由弗洛伊德和兰克共同编辑。

在第一期里，弗洛伊德强调，把精神分析研究的范围扩展到语言、风俗、宗教和法律等方面是必要的。广泛地说，诸如神话学、审美学、文学、艺术史、哲学、民俗学、刑事学和道德理论等科目都包括在内。这真是雄心万丈的计划！

随着时间的演进，他更加雄心勃勃。20 年以后，弗洛伊德写道：

> 精神分析可以成为所有以人类文化的发展为中心的科学，以及其主要的学术如艺术、宗教和社会秩序等不可缺少的工具。

《影像》杂志上也刊印了弗洛伊德一系列文章中的第一篇，代表弗洛伊德把精神分析运用到了社会学和人类学上。那些简短的文章，充分勾画出他对于人类社会发展的见解。

弗洛伊德脑海中经常盘桓着用精神分析解释宗教的起源以及宗教与人类社会关系的可能性。

在写于 1907 年的《心神困扰与宗教活动》书中，他拿强迫观念形态的神经质病和宗教的仪式相比较，得到了一个不受人欢迎的结论：他认为宗教本身是一个“宇宙性的分神的神经质因”，而“心神困扰是一种个人化的宗教”。

1908 年，在“文明化的性道德和现代的精神病”中，弗洛伊德讨论到，当人类社会形成时，个人的本能将受到压抑。

弗洛伊德在 1911 年春天开始写《图腾与禁忌》。他告诉荣格，希望能在夏天完成。他接着说：“为了这份工作，我需要一间可以独处而且附近有森林的房间。”

将近 8 月时，他的看法有了改变，他说现在所研究的宗教信仰心理学，可能会占据他许多年的时间。他知道，那会和他对“性”的见解一样不受人欢迎。

《图腾与禁忌》在1913年出版。包括了《乱伦的恐怖》、《禁忌与感情的矛盾》、《灵魂论》、《巫术与思想的万能》以及《幼年时代图腾的回转》等多篇论文。

弗洛伊德像荣格一样，探求人类最远古的祖先的过去。但是荣格的资料包括原始人的神话和几乎不能理解的冒险故事；而弗洛伊德却采取现在仍住在南太平洋和澳大利亚的当代野蛮人的报告，把他们的习俗和禁忌看作是一种社会进化的最终产物，借着精神分析之助，追溯那些习俗与禁忌的起源。

在第一篇长达18000字的论文里，他调查研究了图腾制度中的两大禁忌——不杀图腾与不和同图腾系统的女人通婚。

在第四篇论文里，弗洛伊德找到了事物的核心。他指出，图腾即象征父亲。事实上，图腾动物往往被原始部族视为种族的先父，受到尊敬，整个部族的人都声称是这个动物的后代。但是，每个部族每年都会举行一次仪式，将图腾动物杀掉，然后大家抢食。

弗洛伊德认为，这种“杀父”的仪式就是图腾制度的中心，也是宗教的起源。

弗洛伊德又斟酌了达尔文的“原始的群众”中的见解——原始人类本是生活在一个部落里，受一位强大而善妒的男人统治。弗洛伊德根据此论作了一项假说：

> 原始社会的统治者拥有绝对的权威，并将所有女人据为己有，久而久之，他的子民联合起来反抗并把他推翻，甚至杀死而后吃掉。

但是，这次事件以后，他们又为争夺权益而彼此残杀，最后他们终于觉悟，于是团结起来，在象征父亲的图腾兽前，携手合作。为了赎罪，他们决定不杀代表“父亲”的图腾兽；为了防止杀戮事件再发生，他们不再找那些曾导致其杀父的同部族的女人，而开始找陌生女人，于是开始有异族通婚。

由弗洛伊德指出的途径，人们投入更多的精力，用精神分析的理论来研究古代的礼仪，那么，精神分析的理论也一定能投入在艺术和艺术家身上。弗洛伊德本人立刻以行动显示出这种可能性，因为在《图腾与禁忌》之后，他立刻又推出了另一篇论文《米开朗琪罗创作的摩西》。

弗洛伊德首次罗马之行的第四天，去参观了温科里的圣派特洛教堂，站在米开朗琪罗所刻的巨大的雕像前，那个雕像是为装饰教皇尤里乌斯二世的陵墓而雕刻的，尚未完成。维也纳的艺术学院有那个雕像的复制品。

弗洛伊德很可能早已把自己比做为摩西，并作了研究。他写了一张纪念明信片给玛莎，透露出他的感觉：“我沉思米开朗琪罗的意图，已经了解那雕像的意义。”

米开朗琪罗刻画出一个愤怒的摩西，把他刚从西奈山上领到的十诫摔破。大多数的评论家推测，摩西将刻着十诫的石板摔破，是因为他下山后第一眼看见的是以色列人围绕着金牛犊偶像跳舞。

但是，弗洛伊德的看法却截然不同，他在《米开朗琪罗创作的摩西》中写道：

> 我们眼见的是动作发生后的静止状态，而非刚要发作时的暴烈动作。摩西在怒不可遏想要发作时，跳起来报复。但是他已克服了试探，他应该是镇定地坐着，他的怒气已经冰冻，他的苦痛和耻辱混合在一起。

《米开朗琪罗创作的摩西》有许多地方影射了弗洛伊德本人。这篇论文写作时正是他和荣格决裂的最后阶段，而对于已经认同摩西的弗洛伊德来说，他很容易相信，米开朗琪罗透视的摩西将成为一个他必须效仿的模范；他必须忍住他想发作于背叛者阿德勒、史铁喀尔和荣格等一帮人的怒气，他们像以色列人一样，卑鄙地背叛了他们的领袖。

一年前，当他和荣格的战争正在进行时，他曾经写信给法兰基说："目前在维也纳的情况，使我觉得我像极了历史上的摩西。"

弗洛伊德还竭力主张莎士比亚笔下的"哈姆雷特"受到"恋母情结"困扰。他能做任何事，就是不能向杀他父亲、抢夺他母亲的人报仇，因为他在那个人身上，看到自己幼年时代被抑制的希望实现了。因此，原来那种不断驱使他去报复的憎恶，被他内心的自我谴责、良心的踌躇所取代。它们提醒他，他自己并不比他要去惩罚的人好多少。

弗洛伊德老实承认："钻研心理传记的基础，事实上是建筑在模糊的痕迹和微小的记号上。"这不啻是警告大家，当精神分析家涉足于高度技术性的艺术批评或传记方面时，就特别容易愚弄自己。他比自己的一些追随者更清楚这个危险，几年后还特别强调着。

但是，弗洛伊德仍然很不情愿放弃他的"哈姆雷特之形成"理论，而在他写于 1924 年的短短的自传中，重复其在戏剧中的“恋母情结”观念。他认为莎士比亚是在父亲死了以后，才写了《哈姆雷特》的。

他的“哈姆雷特之形成”理论，是他对于莎士比亚的其他作品作精神分析的试金石，同时也使他相信，精神分析又是了解其他作者创作动机的试金石。

研究莎士比亚的学者伊凡斯说：“根据定义，一位精神分析家，需要比戏剧家更可以或更应该提供出无限多的证据。”

但是，弗洛伊德的“哈姆雷特的恋母情结理论”所引起的争论，仍然如火如荼地持续着。而这股以精神分析探讨文学、艺术的潮流，也依旧年复一年地成长着。这是第一次世界大战时，精神分析主义的前景被急剧地改革后，用精神分析解释戏剧和小说增加的结果。

坚守自己的理论

阿弗瑞·阿德勒和弗洛伊德的决裂，发生于威玛大会后几个星期。争执的动机非常多，枝节牵连也很广，有时候两人的抗衡并非“是”与“非”之争，而是“各人有各人的道理”。

阿德勒小时候患过软骨症，4 岁以后才会走路，而且由于行动不便，出了两次车祸。因此，他以为“追求权力”才是生命的主流，而且他以为“自卑情结”是人类奋斗的基础。

他们还有其他的不同。弗洛伊德一直保持犹太人的信仰，而阿德勒则改信基督教，以抗议犹太信仰造成的精神孤寂。弗洛伊德不仅在医疗上，而且在教学上都一直叮咛医生和病人应该在情感上保持距离，如果病人的问题要获得解决，势必要有不动感情、具有客观而崇高精神的分析师帮助，阿德勒却以和病人成为朋友的方式进行治疗。

弗洛伊德发展了 20 多年的理论，和阿德勒花了大约一半时间所提出的理论的基本不同点是很明显的。弗洛伊德相信，神经官能症起源于性发展的不适应；而阿德勒则认为，它们代表对劣等精神或身体特质的补偿。

阿德勒和弗洛伊德的理论根本是南辕北辙。如果维也纳精神分析学会和国际性团体主要的目标是追求真理，那倒也没有问题。但是国际协会的目标却是推展“由弗洛伊德创设的精神分析学”，维也纳分会也不例外。因此，阿德勒辞职之举就势在必行了。

阿德勒被击败了，学会在1911年3月3日的日志上写道：

> 阿德勒辞去会长之职是因为“他的科学论点和他在学会地位互相矛盾……史铁喀尔也随他而去”。

有两件事情是毫无疑问的：一是弗洛伊德控制了全盘的活动；二是他强迫阿德勒辞职。

学会经过暑假的休会后第一次开会，有好几个人和阿德勒一起退出。汉斯·沙克斯叙述道：“这些人不一定和阿德勒有同样的看法，他们这么决定是因为他们觉得弗洛伊德的做法违反了‘科学的自由’。极可能弗洛伊德的凶恶批评和与阿德勒的决裂，破坏了和平的气氛，使他们认为阿德勒所抱怨的无法忍受是有理由的。”

弗洛伊德不承认事情牵涉了科学的自由。他在第二天，也就是1911年10月12日在给荣格的信中写道：

> 我在战斗和胜利后已相当疲倦。现在我要告诉你，昨天我强迫阿德勒从学会中退出。我很严厉，但是我认为我做得很正确。

阿德勒于1911年秋天退出后不久，就和他的支持者设立了

“自由精神分析研究学会”。后来又将组织改为“个体心理学学会”。无疑地，它受人们欢迎是使弗洛伊德一辈子咬牙切齿的另一个因素。

弗洛伊德相信阿德勒的活动使精神分析面临着真正的大危险，并认为他能把敌人抛到他所谓的“外面的黑暗”是一个胜利。但他没有发觉的是：对于一些人——也许很多人来说——他对待阿德勒以及后来其他的持异议者的方式，与他在10年前自己遭遇的不可思议的反对非常相似。

汉斯·沙克斯说：“弗洛伊德专注于精神分析，以一种稳定而耗油的火焰燃烧。像每一种其他的信仰一样，它强加在相信者身上并严格地限制和规定。每件事情，小至每天例行工作的细节，大至举足轻重的决定，都受到他的支配。”

在阿德勒事件上，弗洛伊德得了一个报应：阿德勒并没有在“外面的黑暗”中枯萎，相反地，不久后，阿德勒发起的每周聚会，呈现出将变为一个真正的精神治疗运动核心的迹象，这种发展迅速成为困窘弗洛伊德的事情，使他不得不采取防范措施。

弗洛伊德和史铁喀尔在1911年年初爆发的意见分歧之争一直蔓延至秋天。史铁喀尔对弗洛伊德说：“在巨人肩上的矮子，可以看得比巨人远。”

弗洛伊德反唇相讥说：“那可能不错，但是在天文学家身上的虱子却不是如此。”

1911年11月初，史铁喀尔退出维也纳精神分析学会，但是他无意卸下会刊的编辑工作。

实际上，弗洛伊德是该刊的总负责人，后来钟士问他：“为什么你不行使权力去任命另外一个编辑？”

弗洛伊德没有正面作出回答，但钟士则对这件事作出了解释："弗洛伊德告诉我，史铁喀尔对出版商的影响力太大了，这极可能使他宁愿撤退，也不愿公开地战斗。"

据说，当时弗洛伊德亲口告诉普特南说："史铁喀尔的背叛，迫使我放弃会刊。"

毫无疑问，弗洛伊德最不愿意做的事就是和阿德勒妥协。但是，阿德勒和史铁喀尔仍在主持《精神分析学中央学刊》的编务工作。弗洛伊德坦白地对荣格说："自然，我只有等待机会把他们两个人撵走，但是他们都小心翼翼地保持友善的态度，所以我目前也拿他们没办法。我当然更牢牢地盯着他们，但是他们好像若无其事，其实我内心早已和他们一刀两断了。"

截至 1912 年秋天，弗洛伊德已经成功地击败了首度想要向他的权威挑战的阿德勒。现在，他正在掌权并决定要一直如此。他的星座正在升起，他的追随者和家人都知道这个事实。但是连弗洛伊德自己都不觉得与阿德勒的争执令人快乐。阿德勒的确已经被迫弃船而逃，但他并没有葬身海底。

"个人心理学"不至于玷污弗洛伊德的名誉，也不能破坏"弗洛伊德用来治疗和说服人的坚强职业"。可是，阿德勒还是很好地生存了下去。事实上，阿德勒的表现已经告诉人：他仍会继续生存下去。

现在，事情已经越来越明显，弗洛伊德将要处理一个更为重要的反叛事件：那就是他的"皇太子"兼总参谋长卡尔·荣格的背叛。当然，他们的分歧与决裂有一个深化的过程。

弗洛伊德和荣格早期通信和见面时曾经有过分歧，但很快就消失了，而且有很长一段时间没有再次出现。

1910年，第二次国际精神分析大会后不久，弗洛伊德在写给费斯特的信中已经表达得很清楚。他说："我希望你同意纽伦堡的决定，诚心地拥护我们的荣格，我想使他获得一种权威，使他能名正言顺地领导整个运动。"

1911年秋天，弗洛伊德仍然认为荣格不但是胜利的策划者，而且是他自己年迈或死亡后接替掌权的"皇太子"。

对荣格自己来说，他毫不犹豫地扮演着弗洛伊德交给他的角色。事实上，有时候荣格给人的印象是：他当之无愧地享受着特权。但是尽管有许多环节联系着这两位有地位的人，彼此忠诚于基本上所相同的主义，但更有许多因素与力量即将使他们分道扬镳，正面相撞。

表面上荣格对于弗洛伊德的信念已作了新的解释，他贬损弗洛伊德一向强调的"性"的重要性。弗洛伊德渐渐发现荣格的骨子里有一股偏见，并同时发现荣格有"外邦人的优越感"。

由此可知，他们两人的冲突起源于许多复杂因素，包括职业的和个人的，两人都认为自己的动机是无瑕疵的，以致情况更趋复杂。最后，弗洛伊德因为自己的领袖地位遭到挑战而发怒，使得冲突更加激烈。

1912年5月底，弗洛伊德收到一封荣格写的信，充满了牢骚之词。于是弗洛伊德在一封给钟士的信中，透露出他的新态度。他在信中写道：

> 荣格的信不能被"解释为我们的友谊关系的正式否认"，我很难过，倒不是因为个人的利益，而是为协会和精神分析主义的前途着急。但是我决定让事情顺其自然，

不再设法影响他了。精神分析已不再是我自己的事情，与你和许多其他人也息息相关！

阿德勒已经带着一大群不愉快的维也纳学会的人走了，史铁喀尔也随其后而去。大家很容易发现，荣格是一个比任何其他变节者更难以克服的人物，他不久就会树立起自己的旗帜。因此，钟士提议成立一个核心小圈子，组成一个委员会，使弗洛伊德可以经常和它的成员们讨论国际组织的事务，而成员们必须同意：在未经全体成员讨论以前，不宣布任何与精神分析的理论或实务相去甚远的改革。

钟士在创造以后所谓的“核心小圈子”时，究竟扮演了什么样角色，已不得而知。唯一可知的是，他在想出这个主意后不久，写信给弗洛伊德说：“设计一个联合的小团体，好像查理曼大帝的武士一般，保卫着他们主人的帝国和政策。这种想法是我自己的浪漫主义产物。在我向您陈述以前，我不敢和别人讨论这件事情。”

但是，钟士在40年后又在回忆录中说：“我事前曾和法兰基及兰克讨论过。”

1912年7月30日，钟士写信给弗洛伊德。他在信中称：

我不禁希望环绕在您周围的诸般大事，都更能令人满意。

……在维也纳，已经有人表示，希望您全权挑选一些人组织个小团体，代表不含有私人企图的纯正理论，从而在协会里建立起一个非正式的内圈，作为初学者学习的中心。

弗洛伊德立刻回信，说自己很喜欢这个主意，因为它至少可让他挽回一些在纽伦堡失去的控制权。

钟士在建议设立委员会时，脑筋里想到的只是他所看见的荣格和弗洛伊德之间日益增大的裂痕。但是钟士自己也免不了受人怀疑。在他献计给弗洛伊德后不久，弗洛伊德接到一封法兰基的信，信中写道：

> 我从来没有像现在那么清楚过，精神分析对于天生的犹太人是多么重要。您必须经常仔细地看住钟士，免得他临阵脱逃！

荣格就在这种渐增的不信任背景下，于早秋时离开了苏黎世，第二次前往美国。布伦克斯的基督教福德漠大学邀请他，他在那里向 100 位精神病医生发表了 9 次关于“精神分析理论”的演讲。

荣格的演讲词里，贬低了弗洛伊德所认为的一些精神分析的中心教条，而这些讲演使他获得了个人的声名。《纽约时报》的一位记者曾访问他，并刊登了一篇 5000 字的文章，占了一页的 4/5 版面。

荣格在纽约受到了鼓励。显然，他根本不以离开弗洛伊德的阵营为羞耻。他准备回欧洲后，充分地解释他的立场。

同时，他还写给弗洛伊德一封非常傲慢的信：

> 当然，在我的演讲中，我也谈到我对精神分析现存的观念有着不同的看法，尤其是关于性欲冲动的理论。我发现，我的精神分析见解已赢得了很多人的支持，直至现在

他们仍为精神病的性问题困惑不已……

荣格又接着打击了弗洛伊德的伤痛处，他这样写道：

一旦我的论文出版了，我将很高兴地送你一本，希望你能慢慢地接受我对性欲冲动的一些见解。只要你对我们的共同事业采取一种客观的看法，我觉得没有必要使你失望。

1912 年 10 月 18 日，荣格写了一封信给弗洛伊德，从每个角度来看，这两个人的关系已告结束。

荣格承认他对弗洛伊德的感情很矛盾，信中写道：

无论如何，我要指出：你以对待病人的做法来对待你的学生们，这是极大的错误！在这种方式下，成长的人不是奴隶的子民，就是卑鄙的傀儡，阿德勒和史铁喀尔，以及粗野的一帮人正在维也纳兴风作浪。

我非常客观地看破了你的小把戏。你到处走动，危言耸听地说你周围的人都有病；因此使每个人都变成你的儿女，羞愧地承认自己的错误。同时，你维持高高在上的地位，使自己好像威风凛凛的父亲。为了迎合你，没有人敢拔老虎嘴上的毛。

接下去有许多相似的指责，荣格在信尾写道：

尽管我有自己的见解，我将继续公开地支持你。但是在私底下，我将陆续地写信告诉你我对你真正的看法。我认为这个步骤极为高尚。无疑地，你会为这种特殊的友谊表达方式发怒，但是它对你仍是有好处的，祝福你。

弗洛伊德的回信不曾显出一丝愤怒。相反地，我们读了弗洛伊德自认为比较高层面的平静回信后，不得不认为：终于按捺不住性子的荣格，恰恰做了弗洛伊德所希望他去做的事情。

弗洛伊德是这么写的：

我们精神分析家之间有一个习惯：

没有任何人需要为他自己的神经质感到羞耻。但是一个人行为不正常时，如果一直自称他是正常的，那就难免使人怀疑——他对自己的疾病缺少认识。

因此，我建议我们应完全放弃彼此的私人关系。这样的分手，将不会使我失去什么。

因为，长久以来我和你的唯一感情联系，就只是一条细线——过去失望的延续效应，而你可以得到许多东西，因为你最近不是曾在慕尼黑表示“你和我的密切关系，会抑制住你在科学上的自由”吗？

弗洛伊德写给荣格的另一封信还被保存着，那很可能是他写给他以前的“皇太子”的最后一封信。

荣格 1913 年 8 月参加在伦敦举行的第十七届国际医学大会，他在一连串的演讲中勾画出他的立场，为他的观念取名为“分析心理学”，正好和弗洛伊德的“精神分析”分庭抗礼。

荣格说：“精神分析理论，应该要免去纯粹的性观点！为了取代它，我想要介绍一种‘唯能说’的观点。”而在梦的解析方面，他发现自己“完全同意阿德勒的看法”，换句话说，完全不同意弗洛伊德的看法。

荣格仍是国际精神分析协会的会长。弗洛伊德心里明白，在1914年的大会以后，他得做些事来对付荣格。弗洛伊德心里也知道，情况不太乐观。

弗洛伊德在1913年11月17日向钟士倾诉道：“我们大部分人都寄望荣格做些傻事毁掉他自己！如果他聪明的话，我们就没有机会了。”5天后，他重复自己的见解，他说：“我们知道，荣格的立场非常坚定，我们的希望仍是他会毁了他自己。由于他在英国和美国的影响，你必须去打击他，但这可能是一场漫长而艰苦的斗争！”

弗洛伊德和荣格周旋时，在个人的感情和职业的感觉上纠缠不清。他写信给普特南说：“我的经验告诉我，在一门科学的发展中，理论的分歧是不可避免的，甚至错误也可能包含着进步的因素。但是这些分离和理论的创新，势必会对个人的心理造成许多的伤害！”

1913年年底，弗洛伊德开始为《年鉴》的下一期写一篇他自称“势必引起争论”的文章：《论精神分析运动史》。

标准版的编者詹姆斯·史特其说：“它的目的是，清晰陈述精神分析的基本假说和立论，证明阿德勒和荣格的理论完全不能和他们相比。如果他们那些矛盾的见解也被冠以同样的名称，只会使人们迷惑……”

1914年4月20日，荣格终于辞去会长的职务。他的理由含混不清，但是钟士相信他的辞职是承认了“他的地位和能力不相配”。

很可能他已经听到弗洛伊德正在写《精神分析运动史》的消息。

弗洛伊德欣喜若狂，写信给亚伯拉罕说："相信你们一定和我一样地诧异，荣格为何会照我们的心愿出此下策？我们的苦心的确没有白费，无论如何，我们一定要挣脱他，甚至是整个瑞士派的人。"

但是荣格仍然是协会的会员，他正要去访问英国。弗洛伊德曾告诉钟士，他已经对宽大和仁慈感到厌烦，正在焦急地等待炸弹爆炸。他对钟士说："我不奢望能立刻成功，但却要不断地奋斗。"

3 个星期之内，炸弹的确发生了效果。荣格辞职了，并且肯定地说，苏黎世的精神分析师，没有一个会出席预定 1914 年 9 月在德勒斯登举行的会议。

弗洛伊德在 1914 年 7 月 18 日写信给亚伯拉罕说："我不能抑制我的喜悦。" 4 天以后，苏黎世集团投票，以 15 比 1 的票数通过撤出国际协会，理由之一是"国际协会危害了我们的独立研究"。

弗洛伊德早在 1914 年夏天达到主要目标以前，就已经决定了他的下一步棋。荣格辞职时，他就写信给 6 个欧洲分会的会长，建议第五届大会的安排应该暂时停止。同时，应该选出一位代理会长，他自己的选择是亚伯拉罕。表面上，弗洛伊德大获全胜。"理想的决裂"已经达到了，对于国际组织的控制权现在终于回到他手中，而委员会的成员拱卫在他左右，忠心耿耿地使事情不出现任何差错。弗洛伊德的未来似乎已获得保障。

1914 年夏天，三个学派成为鼎足之势：一个是弗洛伊德派，一个是阿德勒派，另一个则是荣格派。

在煎熬中坚持研究

对于第一次世界大战爆发前所发生的国际危机，弗洛伊德早就心怀不满。

1912 年，弗洛伊德在一封信中称当时为“可恨的时代”，谴责各大国的相互争夺。对政治的厌恶使他千方百计地想逃离政治，谁也没想到战争将在 1914 年爆发。当战争爆发时，弗洛伊德非常震惊。但很快，弗洛伊德又恢复了冷静状态，他只专心研究他的理论问题。

战争爆发后的第一个月内，他坚持指导两份杂志——《精神分析杂志》和《意象》的出版工作。

同时，在 1915 年春的 6 周内分别写出了 5 篇包含着他的重要理论观点的论文。《本能及其变迁》和《论压抑》是在 3 周内写成的，他最满意的《论潜意识》是在 2 周内写成的，而《对梦的理论的超心理学的补充》和《悲伤与忧郁症》则是在 11 天内完成的。

在 1915 年春末夏初的 6 周，他写出了 5 篇以上的论文。8 月，他写信给钟士说，他已完成了关于超心理学的全部 12 篇论文。他还说，准备将这些文章以书的形式发表出去，但时机未到。后来，在这一系列论文中，他只正式发表了5篇。可能是他觉得另外7篇的质量不高，自行烧毁了。

从表面来看，弗洛伊德的学术活动并未受到战争爆发的明显干扰，即使是国际精神分析学会的活动也仍然没有中断。

由于阿德勒与荣格相继离开弗洛伊德，1913年夏天，就组成了一个“守护”弗洛伊德的“委员会”。这个委员会首先由钟士向费伦齐提出，接着，又得到了奥多·兰克、查赫、亚伯拉罕以及弗洛伊德本人的支持。

但是，弗洛伊德觉得，要想让这个委员会发挥它的作用，就必须继续扩大。所以，弗洛伊德本人亲自推荐马克斯·艾丁根也参加这个委员会。

这个委员会的主席就是它的创始人钟士。这个委员会成立以后，在很长一段时间里，至少是10年，一直保卫着弗洛伊德的荣誉与学说，反击对于弗洛伊德本人及其学说的各种攻击。

弗洛伊德在他的《自传》中，对这个委员会所起的作用表示非常满意。他说：“和那些离弃我的人相比，还有更多的人都忠诚地与我合作达15年以上，而且他们绝大多数都和我私交甚笃。”

1915年，首先是兰克和查赫被征召入伍，不久费伦齐也成为匈牙利军队的军医。这让弗洛伊德逐渐地感觉到战争的危害性——它正逐渐地夺去他的亲密朋友和亲人，连他的大儿子马丁和小儿子恩斯特在大战爆发后不久也参军了。弗洛伊德不得不在与他的亲密朋友的通信中寻求慰藉。

由于战争的爆发，弗洛伊德诊疗所的病人也是越来越少。战前，从欧洲各地来弗洛伊德诊所看病的人很多；战争开始后，病人就寥寥无几。所以在弗洛伊德的一生中，这是一段最空闲的时期，因此他在这段时间写了不少论文。在努力写作的同时，他还绞尽脑汁地思考各种问题。他沉浸在学术和理论上的艰苦研究工作中，以此回避外界的讨厌事务。

他在给费伦齐的信中说："这个世界回馈我的与我给这个世界的贡献完全不成比例。我现在真想脱离这个世界，我希望这种状况能一直维持到大战结束。"

在当时，弗洛伊德除了著述以外，还给维也纳大学开讲《精神分析学导引》。在弗洛伊德的学生当中，有一位叫洛·安德利斯·沙洛姆的女学生。

早在战前她就已经是弗洛伊德的学生，她很善于发现伟大人物，她的朋友圈里有许多著名的文学家、科学家，如俄国作家屠格涅夫、托尔斯泰，瑞典剧作家斯特林贝格，奥地利诗人李尔克，奥地利剧作家斯尼兹尔和法国雕塑家罗丹等人。

沙洛姆曾自称，她曾迷恋于19世纪和20世纪的两位最伟大的人物：尼采与弗洛伊德。弗洛伊德也给予沙洛姆女士品格很高的评价，而沙洛姆也很推崇弗洛伊德的科学成果。

在第一次世界大战爆发后，弗洛伊德同沙洛姆两人一直保持着联系。沙洛姆在写给弗洛伊德的信中表示自己认为人类的未来是乐观的。弗洛伊德却在给她的回信中说自己认为人类将战胜这场战争，自己恐怕看不到胜利的那一天，评价不了人类的丑恶等。

弗洛伊德非常厌恨战争，荣格等人的分裂运动也让他感到很愤慨。形势让他感到越来越悲观。1914年，在他所著的《论精神分析运动史》中，他严厉地批评了荣格与阿德勒的观点。在大战爆发期间，他还集中精力深入研究潜意识及其他有关人类精神生活的重大课题。他想凭借这些不停的著述活动加强自己的理论阵地。

1916年新年，弗洛伊德在致艾丁根的信中说："关于战争，很难说什么。没人知道战争最后会打成什么样子，出现什么后果。他在信中还提到自己的大儿子已升为中尉，而小儿子也是准尉，他们俩现在都正在意大利前线作战。他的另一个儿子奥利沃，现在是个工程兵，正在喀尔巴阡山开凿隧道。"弗洛伊德对自己儿子的生死前途非常牵挂，他每天都以焦急的心情看4份报纸，从上面了解战争情况。

1916年，弗洛伊德的生活开始艰难起来。战争消耗了大量的粮食，很快粮食就开始短缺。在这一年弗洛伊德的许多信中，弗洛伊德都提到他的家人因为缺粮，怕会有揭不开锅的时候。雪上加霜的是，他还得了重感冒病，这让他显得更加衰弱。他的60岁生日过得格外凄惨——他的几个儿子都在前线打仗，自己又食不果腹。

至1917年，弗洛伊德的境况更是每况愈下。物质短缺、粮食不足、经济上也更加紧张。弗洛伊德还患了严重的风湿症，写字的时候，手不停地颤抖。没的用，没的吃，没的花，还得了病，但这些从来都没有动摇弗洛伊德的意志。

1917年夏天，弗洛伊德来到措尔巴多山区度假。这里有1000多米高的山区，天气凉爽，美中不足的是这里时有风暴。弗洛伊德时常到户外散步，并兴致勃勃地去采蘑菇。在那同他一块度假的还有费伦齐、查赫、艾丁根和兰克。

那一年，弗洛伊德写了一篇论文——《精神分析过程中的一个难题》。在这一年，弗洛伊德还把1915年出版过的《精神分析导引》加以扩充再版发行。

1917年年底，弗洛伊德的口腔癌开始表现出初期症状。他的这种病最忌吸烟，但对他来说，戒烟是非常难受的。他的下颚会经常颤抖，并常常伴有剧痛。弗洛伊德越来越担心自己会在母亲之前去世，而这个打击会让他的母亲不堪忍受。

1918 年 8 月，德军固守多年的“兴登堡防线”被英、美、法联军突破。这时，德国的战败已成定局。

在第一次世界大战宣布结束前夕，因各种原因被迫中断的“国际精神分析学会”重新召开，时隔 3 年后，第五次大会在匈牙利首都布达佩斯召开。

同年 9 月 28 日，大会在布达佩斯的匈牙利科学院大厅正式开幕。这里所说的东欧各国政府指的是奥地利、德国和匈牙利政府。这些国家的政府代表参加了大会，表明在世界大战中出现了许多患严重精神病的士兵。布达佩斯代表大会推选费伦齐担任主席。

几个月以后，即 1919 年春夏期间，布达佩斯大学有数千名学生请求政府委派费伦齐到大学开设精神分析课。在布达佩斯代表大会上，弗洛伊德宣讲的论文的题目是《精神分析治疗法的前进方向》。

1918 年 11 月，第一次世界大战结束了。

弗洛伊德焦急地等候他的儿子们能从前线平安地归来。他等了好几个礼拜也没有等到大儿子的音信。12 月 3 日，他终于收到他的大儿子马丁自意大利寄来的明信片，他这才知道：马丁和其他奥地利军队被意大利人民包围，后来，他被送到意大利医院接受治疗。马丁在医院里一直住到 1919 年 8 月。

战争刚刚结束，纸张严重短缺，但在此情况下，弗洛伊德还是成功地出版了他的《精神分析短论集》第四卷。这一卷厚达 700 多页，比前三卷加起来的总数还要多。

战争虽然是结束了，但和平并没有真正地到来。弗洛伊德在苦闷的气氛中，只好继续发愤著述。这一年，他发表了爱情心理学中的第三篇论文《处女之谜——一种禁忌》。与此同时，“国际精神分析出版社”在维也纳正式成立。

弗洛伊德的其他著作——《一个神经质儿童的故事》（又名《狼人》）、《恶心的东西》和《孩子挨打》也先后出版。

社会的动乱给弗洛伊德一家人的生活带来了许多不便。弗洛伊德本人的诊所收入也是少得可怜，他的儿子、女婿找不到工作。

1918 年至 1920 年的冬天，天气寒冷，又买不到燃料。弗洛伊德不得不在零下 10 多度的严寒下，守候在没有暖气的诊室，在室内他也不得不穿上大衣和皮手套。晚上，弗洛伊德又要用冻僵了的手执笔写稿和校阅稿样。

由于经济困难，弗洛伊德不得不靠借债度日。由于通货膨胀，他原有的价值 15 万克朗的存款一夜之间化为乌有。这样，在他 60 岁开外的时候，他基本上是一无所有。

1919 年年底，弗洛伊德的夫人玛莎也身患重感冒，因而更加衰弱了。在战后一段时间内，唯一给弗洛伊德带来慰藉的，就是精神分析运动的广泛发展。

战争带来的灾难远不止战争本身，战争后遗症之一就是精神病患者的人数更多了。人们在精神上的空虚、苦闷和悲观，使人们更加重视精神分析学，希望求助于它来探索解除精神苦闷的奥秘。

因此，战争结束以后，西欧各国政府、学者和普通人对精神分析学的兴趣大大增加了。国际精神分析学会在各国的支会进一步有所发展，精神分析的研究活动也大大增加了。

弗洛伊德在《自传》中说：“欧战虽然摧毁了好多好多的社团

组织，但对我们的国际精神分析学会却毫无影响。战后第一次集会在中立国荷兰的海牙举行。东道主国荷兰殷勤地接待来自中欧各国的赤贫挨饿的代表们，境况令人感动。我相信这是英、德两国的人在战后的废墟上第一次围桌而坐，共同友善地讨论双方感兴趣的问题。对于战场神经病的观察，终于打开了医学界的眼界，使他们看到了心理因素在神经病中的重要地位。”

1920 年海牙代表大会的召开表明，第一次世界大战使精神分析学获得了进一步发展的稳固基础。战争使精神分析学深入人心，渗透各个社会生活领域，渗透一切与人类的精神生活有关的学科中去。从此，精神分析学的发展迈入了崭新的阶段。精神分析学开始成为无形的精神酵母注入文学、艺术、社会学、教育学、法学、政治学等领域；而在渗透的过程中，不但精神分析学起到了改造社会科学和人文科学各学科的作用，而且，精神分析学的不足部分得到了发展和补充，它的不准确部分得到了纠正和改造。

在这样一个新的历史时期，弗洛伊德担负起更重的任务——他要负起在理论上补充、发展、修正精神分析学的重任，还要指导它的实际应用，总结新的经验。

1919 年，维也纳大学把弗洛伊德从副教授提升到正教授，但仍然没有让他在学校和系里担任学术上或行政上的领导职务。

《快乐原则的彼岸》是弗洛伊德在整个 20 世纪 20 年代所写的有关本能的一系列论文的第一篇。由于“本能”理论的建立，使弗洛伊德关于潜意识的理论更加成熟和圆满。

关注战后精神疾病

第一次世界大战爆发的时间，与荣格的瑞士派人士从弗洛伊德的阵营中决裂出来的时间几乎相吻合，这两件事都对精神分析的发展有重大的影响。

大战中的那几年，欧洲大陆国家、英国和美国，还有最反对弗洛伊德的人，都很难忽视一个问题：数以千万计从战场负伤下来的兵士们，大都患了精神崩溃症，当时人们对此有个特别的名称，叫作“炸弹惊骇症”。

这种症状不仅可以用精神分析的治疗法减轻，而且还可以证实某些精神分析理论的假设。到了 1918 年，不论是协约国，还是同盟国，都已经用精神分析治疗军队医院中的病患了。

弗洛伊德所预言的庸医骗人行为，使他遭到各方面甚至精神分析师的攻击。有人曾经说：“当弗洛伊德的声誉日增时，别人恶意地把他的理论与瑜伽术、神圣的治疗、动物吸引力和整骨疗法等归为同类。”

有一本在 1912 年出版的教科书，把心理治疗放在《招魂术和通灵术》的章节里，评论它说：

> 可能借着启示，有些实用主义的价值，但是却没有科学的根据。另一位心理学家则强调，治疗的成功并不能证明理论的正确性。

只有一些比较通俗的杂志成功地保持着不偏不倚的报道态度。既不随便赞美，也不作骇人听闻的谴责。其中之一是《纽约时报》。当1914年秋天《日常生活的精神病理学》的译文出现在美国时，它以半页的篇幅，作了客观的报道。

1915年年初，长期血战的迹象日益明显，英国人即使没有充足的理由，也可以找到许多借口，谴责弗洛伊德只是另一个“长久使我们受损的德国教授团的家伙”。如果不是大战前夕有一小群支持精神分析的人仗义执言，那些攻击将会产生很大的力量。那一群支持者中间，最有名的当然是恩斯特·钟士。

创立伦敦精神分析学会，只是钟士在英国推展精神分析的最重要项目。过了不久，他向皇家医药学会精神病学组发表演讲，受到热烈欢迎。第二年，弗洛伊德的“遗忘理论”讨论会在达拉莫的心理学家与哲学家联合会上举行，偶尔在医学刊物上登载精神分析论文，已不再引起人们震撼惊奇了。

如此，在大战爆发以前，英国已有一群支持弗洛伊德的人。虽然人数少，却坚决地在英国建立起桥头堡。布利尔翻译的《日常生活的精神病理学》在大战期间的第一个冬天出现于英国。

当马西尔反对在战时使用精神分析时，被医药心理协会的会长断然拒绝了，原因是这个主题将不会被人认真看待。会长还埋怨道：“当然，弗洛伊德和荣格等人的卑劣教条，在英国精神病学家的教学和著作中，都没有得到什么支持，是众所皆知的。”

但是，尽管精神分析只受到极少数人支持，仍有些人感到受不了。几天后，一些“卫道士”在《英国医学杂志》的专栏中问道：“大家是否知道，精神分析家们正在我们的军医院中的疯人病房做有害的工作吗？”

在维也纳，精神分析学会的聚会因大战爆发而搁置了，后来虽然恢复，却每 3 个星期才举行一次。弗洛伊德的诊所生意没有起色，他像许多维也纳的中产阶级一样，面临收入减少、物价上涨的双重压力。他的三儿子恩斯特跟长子马丁一起从军，而奥利佛因为体格欠佳不能服役，参与了一连串的机械工程。

弗洛伊德写信给亚伯拉罕说道：“我现在好像正站在北极圈的长夜里，焦急地等待着太阳的升起。”

太阳终于在几个星期后升起了。弗洛伊德开始写一连串的论文，并以从前所不曾有的速度完成了。第一篇是《对当代战争与死亡的沉思》，第二篇是《我们对死亡的态度》，并于 1915 年 4 月首次发表。

这两篇为《影像》杂志所写的文章完成后，弗洛伊德立刻从事起一项雄心勃勃的工作：将 10 多篇论文集成一本书，取名《超心理学绪论》。“超心理学”这个观念，是他首先使用的。他曾向弗莱斯解释那是“引导至意识背面的心理学”。

多年来，它的意义已经扩大到可以在科学中称为“一般理论”了。但是，弗洛伊德特别用这个词形容精神现象与精神器官及所牵涉的本能以及在器官中产生能量分配的关系。

头两篇论文是《本能和它们的变化》以及《压抑》，集中在 3

个星期内完成。第三篇《潜意识》花的时间不超过 3 个星期，阐述了弗洛伊德建立整个精神分析的中心思想。接下去是《梦的理论的超心理补充》和《哀悼与忧郁症》。

这头 5 篇超心理学的论文完成后，弗洛伊德开始准备他在大学的定期讲课。讲授时间是 1915 年 10 月和翌年 3 月，对象包括医生和其他科系的教授们。这次讲课和他在其他大学的演讲不同，他要出版讲义，如此他可以向广大的群众显示他的思想，并以炉火纯青的方法鼓励他的听众跟从他的说法，而这种方法正是他经常所表现的授课之道。

他演讲的前言，已印成《精神分析人们》，他提醒大家，“在目前的环境下，我们不可能……沉着冷静地保持一种科学理论；也不可能避免以一个警告作为开始”。于是，他的开场白说，在他的听众中，可能有人不满意皮毛地了解一点精神分析，而是决定要和它建立更永久的关系。

在一系列的演讲开始前，弗洛伊德特别向听众声明，他将不讨论思想倒错和梦而要讨论神经官能症，那是除了听众中的医生外，大多数人都很陌生的一种现象。他解释，即使在这里，他仍要用长久以来使用的相同技巧。

《精神分析人们》分 3 个单元出版，时间在 1915 年和 1917 年，是弗洛伊德除了《日常生活的精神病理学》之外，拥有最多读者的一部作品，曾被翻译成 17 种文字。

弗洛伊德很清楚，对于外行人来说，这些讲稿清晰地阐述了精神分析，它们也为他带来一大笔财富。但是，1918 年 3 月他的书完成以后，却比以前更沮丧了。

毫无疑问，原因是他已经 62 岁了，他以前认为自己在这个年龄就会死去。他对战争的结果也越来越悲观，而且，秋冬来临后，食物和燃料将更加短缺。除了这些物质问题外，他还为国际上的认可与否而担心。

在1917年，至少有几件事值得弗洛伊德庆幸：他两个在军中的儿子安然无恙，直至战争结束都是如此。马丁一直在东线的俄国前线，而恩斯特则在意大利的前线，好几次都从鬼门关躲过。

弗洛伊德只有一个亲戚阵亡，那是他妹妹罗莎的儿子哈曼格拉夫。他出嫁的女儿玛西黛和小女儿安娜都在维也纳，除了经常想念在前线的马丁和恩斯特外，他主要的家庭问题是很难跟在汉堡的女儿苏菲联络。

到了秋天，生活条件变得更困难，未来唯一能确知的事，就是食物和燃料的短缺。但是，也有几件事情稍微减轻了弗洛伊德的忧郁，那就是有人提名他接受诺贝尔奖。

事实上，早在1914年，就有美国心理学家怀特策划提名弗洛伊德，但是后来没有下文，而弗洛伊德本人似乎也不知道有这个计划。现在弗洛伊德的名字被罗伯·贝拉尼提出，此人在1914年得到了诺贝尔的医学奖。

弗洛伊德并没有因贝拉尼的提名而得到诺贝尔奖，以后罗曼·罗兰、阿诺·兹伟克等人也同样努力过，都没有结果。弗洛伊德告诉亚伯拉罕："我已经两次看见诺贝尔奖从我面前扬长而过。我也已经了解，这种官方的承认根本不适合我的生活方式。"

当1917年秋天如期来到阴霾中时，还有另一个令人鼓舞的小火花：英国人已经占领了耶路撒冷，并且发表《贝尔福宣言》，答应支持犹太人在巴勒斯坦建立家园。弗洛伊德对亚拉伯罕说那是唯一让他感到高兴的事。

虽然弗洛伊德现在仍深陷于沮丧之中，但精神分析的前途已经渐渐地改善。在美国，普特南就曾感叹说：“10 多年以前，有谁曾梦想过，今天的大学教授们会向男女学生讲授弗洛伊德的理论？科学界人士依赖它们，以探求本能的奥秘；教育家们希望找到训练年轻人的秘诀。”

在医学界，这种重点改变的原因是医生们现在必须处理渐增的患了“炸弹惊骇症”的伤兵。不错，在以后的战争中，也有许多受战争压力而使人精神崩溃的例子，但是他们的数目和身体受伤或感染疾病的人相比，却是微乎其微。

现在，在西方前线的持久壕沟战，加上日夜不停的炮火轰炸，使情况急速改变，人们逐渐关切战争所引起的精神病问题。精神病医师被配属在军队医院里，而精神病的病例和外科及内科的病例一样，被详细地研究着。

弗洛伊德一点也不知道精神分析在英国发展的情形，而且很少接触奥国所治疗的“炸弹惊骇症”的个案。但是，可能维克特、陶斯克已经提醒他注意这些现象。

陶斯克是在 1915 年被征召为陆军的精神病学家，第二年印行了一篇论文，叫作《关于所谓战争精神病的症状学之诊断考虑》。

在欧洲，考虑用精神分析治疗战争下精神病患者的人不只陶斯克一个。

在 1918 年 2 月，弗洛伊德收到由恩斯特·锡麦写的论文《战争的神经性官能症与心灵创伤》。锡麦是一位德国医生，战争爆发时，被征召到一个野战医院，担任医药顾问，不久后采用被认为是革命性的政策，以客观而公平的态度对待在战斗中受压力而精神崩溃的人，而不是将其视为装病逃避义务的士兵。

几个月以前，锡麦曾向德国作战大臣提出一项计划，准备组成一个精神分析机构用以研究神经病源，并免费提供顾问的诊所以及一个可以治疗病人的疗养院。当局似乎没有接受他的建议。但是，德国政府受到了影响，派了一位官方代表，参加由弗洛伊德及他的追随者筹划的定于1918年举行的国际大会，而奥地利和匈牙利也是如此。

大会本来决定在波兰的布勒斯特举行，但是后来改在匈牙利的首都布达佩斯，时间是9月。值得注意的是，没有瑞士人与会，出席的42人中，有3个荷兰人，3个德国人，其余的则来自风雨飘摇的奥匈帝国。

当弗洛伊德知道中央集权官方已表示有兴趣的真正原因时，他一定有许多感慨：精神分析原来的目的是解开人类思维的神秘和减轻人类的痛苦，而现在却被认为是尽快把人送回战场。

经过许多次的磋商后，荷兰的海牙终于被选定为国际大会的召开地点，并决定在1920年9月举行。

海牙的大会相当成功。英国代表团有15人，德国代表团有11人。有16位荷兰的精神分析师，2位美国分析师，还有62位会员，其中有奥地利人、匈牙利人、波兰人及瑞士人，他们来自新组成的弗洛伊德的瑞士精神分析学会。

弗洛伊德在大会中演讲“梦的理论之补充”，重申20年以前，他主张“梦代表希望实现”的说法。此外，他更进一步地说，人类还有“惩罚的梦”以及“创伤的梦。”

海牙大会结束后，弗洛伊德打算和女儿安娜去英国。他希望去看他在曼彻斯特的亲戚以及拜访剑桥大学。但是，第一个障碍是安娜的签证没有及时寄到。然后，当他打算单独前往时，一位在柏林的亲戚因为心脏病去世。他必须去柏林吊丧，只好很难过地放弃此行。

弗洛伊德从海牙大会回来时，发现有一大堆信件和病人等他去处理，他的每一分钟都被占据。同时，大战结束后的几年中，弗洛伊德发现，世界各地的人们对精神分析的兴趣日益增长。

在维也纳，大约20年前就开始的“周三学会”，现在又一次繁荣成长起来，成为国际性协会的维也纳分会，也吸引了许多新的会员。其中有一位威廉·里克，是刚出道的奥地利医生。

当弗洛伊德正在振兴国际精神分析协会维也纳分会时，英国也开始重组精神分析机构。大战期间，伦敦精神分析学会中的一些具有影响力的会员，却投入荣格的怀抱。1919年2月，钟士计划“整肃”英国组织中的“荣格派”会员，受到弗洛伊德的恭贺，于是解散伦敦学会，组织了英国精神分析学会。

然而，在美国的情况特别令人惊异。那里，尽管有普特南支持弗洛伊德，钟士也曾孜孜不倦地宣扬弗洛伊德的见解，在某些医学会议里，精神分析被认真地讨论着。但是，对于大多数的美国精神病医生来说，精神分析仍然只是“厕所中的俏皮话或茶余饭后兴起的主题”。

除了拒绝认真考虑精神分析的怀疑者外，还有变节脱逃的人。其中有名的是撒母耳·邓南伯医生。他自1912年起，就是执业的精神病医生。

1922年年初，邓南伯宣布他的看法：“在我的经验里，没有弗洛伊德的那些解释，所谓神经质因若用支配人类生活的其他本能来解释，病人也可以治愈。性对于所有的神经质因并没有因果关系。神经质是由于个人与现实及世界的冲突而引起的，与他的爱情生活风马牛不相及。”

邓南伯说：“现在，人们如果在别的行业不能谋生，就转行当精神分析师。”他结论道：“精神分析是一种伪科学，就像手相术、笔迹学和骨相学一样。”

20世纪20年代早期，在混乱的美国精神治疗界里，到处可以听到严厉的批评家的咆哮、狡猾庸医所做的不实宣传以及顽固的敌人的恐怖雄辩。

甚至于在学术气氛比较浓厚的圈子里，弗洛伊德也不一定能得到他预期的认可。在英国，一般人的态度表现于罗斯·马考莱的小说《危险时代》里。书中的主人翁说：“弗洛伊德主义能奇妙地治疗疾病——不管是炸弹惊骇症、失眠症、神经沮丧、腰部风湿痛、自杀狂等，全都有效。”

艺术家汤玛斯说：“如果能以军事术语形容，我想说，弗洛伊德的理论代表对潜意识的一种总攻势，但是，作为一个艺术家，我必须承认，我根本不满意弗洛伊德的观念。相反地，我觉得我被他折磨得烦躁不安、不成人形。艺术家被弗洛伊德的观念透视得无可遁形，严重地破坏了他们创作艺术的秘密。”

面临着英国和其他地方的种种反对浪潮，钟士不屈不挠地向前推进。他经常在医学界演讲，为成立精神分析研究院铺路，贡献出他全部的才智和精力，支持弗洛伊德主义。

在英国和美国，对精神分析的讨论集中于它对医学界的实用价值以及它对“性”的强调上是否有依据。但是在欧洲大陆，精神分析方法却经常推展到和治疗没有关联的地方。

许多作家和艺术家的作品，或多或少都受到大家逐渐知道的潜意识的影响。但他们的反应是，避免和弗洛伊德牵扯在一起。

尽管受到“时代文学的补充”的影射，可是许多作者仍不愿承认，潜意识是他们作品的主要源泉。这种犹豫是很容易理解的。

精神分析有一个大前提，那就是：“本能的生命和想象的生命有密切的关联；而且，一个在治疗中放弃神经质原的病人，和在创作中使感情升华的艺术家有相似之处。”职业的作家们多半对于这种视创作是“主观的逃避，而非客观的创造现实”的看法愤愤不平。

作家们的另外一种沮丧极可能来自《精神分析国际会刊》的过度夸张。那份刊物在大战后迅速发行，原则上应由弗洛伊德指挥，但是为了某些实际的目标，却受钟士的控制。

一开始，会刊内容以非医学的论文为主。第一篇大幅的论文是《谈亨利八世的性格和婚姻生活》，接着还分析莎士比亚的悲剧《麦克白》和《威尼斯商人》。詹姆士·塔斯勒说：“要归功于精神分析的，不仅心理学而已，还包括了所有邻近的学科，如人类学、民俗学、宗教经济学、社会学、历史学，甚至于文学批评、政治学和传记等。”

提出新的人格理论

弗洛伊德在《精神分析引论新编》里，把人的心理人格分成3个层次：本我、自我和超我。整个人格就是由本我、自我和超我三大系统组成的，在一个健全的人身上它们处于平衡之中；反之，如果它们不平衡了，人就不是一个正常人或者平凡人了。

本我是人格中最原始的部分，它由两部分组成：一是本能；二是从自我那里驱赶进来的东西，常是一些可怕的记忆。其中本能是主要的成分。

这些本能主要是一些最原始的本能，例如性本能、生存本能与死亡本能等。这种原始的本能决定了它的野蛮性或者说是动物性。它是人最原始的特征，体现了人还处在原始状态下甚至在动物阶段所具有的心理特征，这时，人完全屈从于生存的需要，受生存欲望的支配便是原始人最大的心理特征，也是人最基本的人格心理特征。

本我总的来说由欲望集成，它就像一个大锅，里面装满了沸腾的欲望。这些欲望唯一的目标就是追求自己的满足，为此它极其自私，不顾一切地追求自我实现，绝不讲道德之类，只是尽情地追求这些欲望。

就像弗洛伊德所言："本我当然不知道善恶、价值和道德，与唯乐原则有密切关系的经济或数量因素支配了它的各种历程，它的唯一内容就是力求发泄的本能冲动。"

完全受本我的控制的人可能会无恶不作，坑、蒙、拐、骗、偷都不会让他感到羞耻，杀人、放火、抢劫、越货也不能让他感到内疚。因为本我所追求的是对性与生存的无限欲求，是人的原始生命力的象征，和禽兽毫无二致。

我们不难看出来，本我的欲求是永无止境的，它永远也不知道满足，就像弗洛伊德所言："倘若我力求满足其本能而不顾强大的外力，便难免于灭亡。"

换言之，如果我不加约束地要满足所有的欲望，而又没有外力强大的制约的话，那么后果就只会是个体的毁灭。这是显而易见的。人们无法容忍一个专干坏事的不法之徒在他们中间肆意妄为。那么，本我怎样才能实现自己的欲求呢？

大体而言，有两种方法：第一种方法是在自我的约束之下，即在遵守通常的伦理道德的前提之下去求得欲望的满足。在满足欲望的同时，也不会受到社会的阻碍、制约甚至禁止。

第二种方法要简单一些，就是个体仍然顺应本我，不顾一切地疯狂要求满足。不过，客观上这种满足往往不是真的去求得事实上的满足，而是求得一种精神上的满足，即在幻想与幻觉中求得满足。不难看出，这样的话个体就处于一种虚幻的状态里了，完全活在他的精神世界里，他就是万能的上帝，他说一不二，他的一切欲望都能够迅速得到满足。

也就是说，在这个世界里只有某些疯子才能完全“满足”自己的一切欲望。本我之后，我们再来看看自我。

自我原来是本我的一部分，它是人格结构中的实际行动者，执行超我与本我的命令，可以说是现实之我。自我的主要任务就是协调野蛮自私的本我、大公无私的超我以及外界环境三者之间的关系，使之尽量处于和谐与平衡之中。这乃是自我基本的，也是唯一的任务，这对于个体的生存与生活都是必不可少的。

那么，自我如何协调本我、超我与外界环境之间的关系呢？首先，自我与外界是相联系的，并且能够现实地对外界的情况作出评估。然后，它便能够决定是否以及在多大程度上满足本我之欲望。

当然，冲击自我的不仅仅有本我，还有超我。我们后面会看到，超我乃是来自文明所产生的伦理道德，它监督自我，严厉要求自我遵守一切社会规范，甚至要做得更好。否则的话，就会用羞愧、负疚等来令自我痛苦。

实际上，当个体遇到许多事情时，本我与超我总是提出两个截然对立的主张，都逼着自我去执行。可怜的自我就像一个要同时侍候两个主子的奴仆，而这两个主子总是在同一件事对它发出截然相反的指令，并且毫不宽容地要它执行。面对这样的两个主子，自我常常会无所适从，陷于情绪的泥沼，深感人生即苦海。

现在我们来看三重人格的最后一个——超我。

超我是弗洛伊德的独创而且独特的理论，在弗洛伊德的所有理论中简直有如鹤立鸡群。这是因为在弗洛伊德的几乎所有理论之中，我们看到的总是恶，例如无意识、俄狄浦斯情结、性、梦、本能、本我等理论中的内容几乎没有哪个是善的，只有赤裸裸的欲望、变态、乱伦等。现在，终于有一个善的了，这就是超我。

超我是人格中善良的部分，它讲求道德，而且严厉要求主体按照理想的善之标准行事。这个善之标准是怎么来的呢？弗洛伊德认为超我的形成是依靠后天教育，而不认为人性本善。是家庭、学校和社会等机构不断地灌输教条的结果。后来，慢慢地，个体将这些教条嵌入内心深处，使之成为一种道德的教条，这时候，可以说，超我就形成了。

超我具有力量之后，就会行使这种力量。它如何行使呢？就是将自我变成它的仆人；要求它按照自己的指令行事。每当自我按照超我的指令行事时，超我奖励给自我一种幸福与自豪感。反之，则惩罚自我，让它感到负疚与罪恶。

当然，超我也不能事事都拍板。如果事事听从超我，个体在这个世界上根本无法生存。所以，超我有时的指挥过于高尚而显呆板，但这正是本我所不得不来个干涉，因为它要保护个体的生存，不得不与超我背道叫板。显然，皮之不存，毛将焉附，假如生命都没法生存了，本我、自我还有超我也就跟着化作虚无，归为缥缈。

我们上面说过，人格中有 3 个并列因素，都强大而互相矛盾，那么，它们构成的实际人格也是这样互相矛盾吗？但根据实际情况，人格大体上分成两种：正常人格与非正常人格。

在正常人格里，本我、自我与超我达到了一种平衡，即三者都满足了一部分的欲望，然而都没有得到全部的满足，也就是说，既满足了自己的一部分欲望，又尊重了其他二者的一部分欲望。并且，这样做之后，无论自我、本我还是超我都觉得满意，这样的人格就是正常人格。反之，就是非正常人格。

当超我、本我、自我三者关系出现极端时，还可能会出现极特殊的情况。一是超我超强，也就是比正常好，另一是本我超强，也就是比正常坏。但是这两种情况只会出现在特殊的情况下，或是极特殊人的身上。绝大多数的人都是三者处于平衡状态。

剖析人类的欲望

1929 年夏天，当弗洛伊德住在阿尔卑斯山时，他仍然爱山，仍然喜欢欣赏花草和风景。而为他看病的舒尔医生发现，“他所有的痛苦并没有减损他那种享受的能力。”

但是弗洛伊德不能长途跋涉了，并且发现坐下来读书变成了很困难的事。他有时很无聊，整天只是抽烟和打牌，但觉得自己不该这样虚度。于是，他又把精力投入工作之中，在给朋友的信中他写道：“这样做就不会觉得时间难熬。”

在这期间，他完成了一篇 30000 字的论文，题目是《文明中的不快乐》，后来改名为《文明及其缺憾》。

一个月后便写出草稿，这篇著作的原来的题目是《文明中的不快乐》。这里所说的“不满”，带有“不安”、“烦闷”、“痛苦”和“苦恼”的意思，实际上是表示人类心理生活中的“苦恼”在文化上的表现。

在弗洛伊德致洛·沙洛姆的信中提到，他的《文明及其缺憾》探讨了文化、犯罪的意识、幸福和崇高的事物。“这一切激发了我，以致它同我在撰写以往著作中的感受不同，始终都有一股创造性的冲动……在写这部著作时，我已经重新发现绝大多数的平凡的真理”。

这本书从一开始就探讨了最广泛的问题就是人类同宇宙的关系。弗洛伊德指出，人类对欲望的规范会构建的人类的文明，对欲望的放纵会导致文明的危机。

当文明和欲望冲突时，人类应当如何处置呢？一边是欲望，一边是文明，人们该如何走下去呢？或者人们可以协调文明发展与欲望满足的关系，使二者达到平衡？

接着，弗洛伊德开始研究生活的目的。弗洛伊德认为，人生的目的主要是由享乐主义原则所决定。人类追求着幸福，但弗洛伊德发现：幸福是人们心中一种“暂时的”和“过度的”的状态。

所谓“幸福”，是指“比以前较好”这样一种状态。弗洛伊德认为，真正的幸福是不可能在现实生活中找到的。人们往往把对幸福渴望寄托在宗教和恋爱中，但弗洛伊德认为利用宗教来给予人类幸福是注定不会成功的。

恋爱与宗教不同，它除了给人在心理上的积极作用外，还可因男女双方间情感上的交流及相互关怀而让人不再感到孤独。因此，弗洛伊德始终认为“恋爱是人类追求幸福的一种较合理的方式。”

但是，恋爱也只是暂时的幸福。弗洛伊德特别分析了个人欲望同社会环境间的矛盾和冲突。他认为，这一冲突在现代社会中是无法解决的。

因为同幸福相比，不幸福的力量更大一些。这种不幸福来自3

个无可回避的来源：肉体的痛苦、外在世界的危险性和人与人之间相互干扰。这就触及了不合理的社会制度的问题。

弗洛伊德对社会和当代文化的现状极为不满，这篇文章很好地说明了弗洛伊德已对现代社会失去了信心。

弗洛伊德在研究社会问题和人生问题时得出悲观的结论并非偶然，这和他的社会地位和个人经历有必然的联系。结合他的特殊处境来看，他的失望情绪值得体谅。从他的社会地位来看，他对社会不满和对西方文化的堕落不满，是一种进步的表现。

当然，弗洛伊德的悲观人生观后来也成了文艺界中一部分人玩弄颓废文艺的一个口实或“根据”。重要的问题仍然是必须对这些问题进行具体的和历史的分析。

正是因为欲望对于人类生存所具有的双重影响，我们应该看到，这一影响乃是相互矛盾的，它既给人们带来生命，也给人们带来灭亡。欲望是一把双刃剑，它既能把人类导向文明的彼岸，也能把人类推向死亡的深渊。

从原始文明的发展史中，人类对于欲望的压抑是与文明同步产生并且是同步发展的。其理由当然非常简单，因为如果人类不对欲望加以规范——禁忌就是以神命的形式所进行的规范——那么人类将不可能在智力与体力方面得到飞跃，而文明当然也无从产生。

为什么这样说呢？原因其实很简单，因为无规范的欲望将直接导致人类的体力与智力的退化。他不光会削弱影响个体，甚至还会削弱整体，这显然与人类的生存本能的根本目的背道而驰。如果人类普遍不能对自己的欲望规范的话，那么人类的命运必将是逐步衰弱，最终走向灭亡。

弗洛伊德认为随着文明的发展，人类对欲望的规范也会越来越严格，人类的心理承受的压力一定会越来越大，生活也就必将越来越压抑，文明化后的人类对于纵欲的普遍反对乃是文明社会的一个根本特征之一。

总之，文明起源于对欲望的压抑，而对欲望的压抑将会导致文明的危机。究其原因就在于：对欲望的长久压抑将会导致欲望的反抗，而它的反抗就是打破人们对欲望的规范，也就全面打破了对放纵欲望与搞乱伦理的禁忌，而压抑欲望和保护伦理乃是文明的根本。如果文明的根本受到损害，文明本身还能够完好无损吗？这正是现代文明缺憾所在。

早在1917年年底，那时第一次世界大战还在进行中。那段时间对弗洛伊德和对绝大多数人来说都是一个醒不了的噩梦。那个时候，由于长期吸烟，弗洛伊德的下颚癌的病痛折磨越发严重了。癌细胞是一种变异的细胞，是产生癌症的病源，癌细胞与正常细胞不同，有无限生长、转化和转移三大特点，也因此难以消灭。在适宜条件下，它能无限增殖，成为“不死”的永生细胞。

在当时医学中，手术疗法是最早应用的治疗癌症的方法，也是目前许多早期癌症治疗的首选疗法。许多早期癌症可以通过成功的手术达到根治的目的。一些癌症病人病情发展到晚期，无法进行根治性手术，但是为了减轻病人痛苦，延长病人生命，也可进行手术，这种手术称为姑息性手术。而弗洛伊德的癌细胞已经不属于早期，在当时医疗条件下无法治疗。这一点很快就被证实了。

1923年4月的一个晚上，弗洛伊德让他的医生菲力斯·道西大吃一惊，他要求医生查看自己的口腔。道西医生只看一眼就给弗洛伊德确诊了。弗洛伊德患上了一种晚期的“口腔癌”！道西医生仔细看过后，认为病情相当严重，需要活体解剖，并且动手术除去染病的薄膜。他们很快就安排好了。

道西医生写道："我们一起坐车到医院，说好了手术完后他可以马上回家。但是他失血较多，情况紧急，所以必须在医院单人病房的床上休息，因为那时没有其他的舒适病房空着。"

不久以后，就开始放射性治疗了，这是一连串治疗和手术的开端，希望可以防止疾病的蔓延。

1923 年 5 月 10 日，弗洛伊德回复亚伯拉罕给他的生日祝贺信，他尚能写信："我又可以吃东西、工作和吸烟了。而我将试用你乐观的口号：祝你青春永驻，万年常青。"

这封信代表着弗洛伊德面对挑战，努力不懈的精神。他直至生命终了时，仍不屈不挠地表现出他真正的英雄本色。

巴德·格斯丁的医生检查了开刀后的疤痕，认为他正在逐渐复原中。但是弗洛伊德对本地人不太信任，他觉得身体仍然不舒服。8 月初，他去拉佛隆和女儿安娜会面。安娜劝他马上写信给在维也纳的菲力斯·道西医生。

道西立刻回了信，并且决定从维也纳出发，亲自去看弗洛伊德。他抵达拉佛隆后，马上发现癌细胞已经扩散，必须进行另一个更重大的手术。

可是再过几天，精神分析的核心小组会，就要聚集在圣克力斯多佛。而因为弗洛伊德早先计划，要在 8 月底去罗马，现在产生了两个问题：第一，核心小组的成员，现在还不知道弗洛伊德的情况有多严重，他们会不会劝他接受手术？第二，弗洛伊德是应该照计划去罗马，还是立刻回维也纳？

很显然，弗洛伊德没有接受动手术的劝告，就去了罗马。等他回到维也纳之后才知道自己的病情已经很严重，而等到许多年后，才有人告诉他核心小组决定不让他知道真正的情况。

就在弗洛伊德等待动手术时，他接到一封信，使他感到很满足。有一位美国的精神分析师，带着一封史丹利·何尔的介绍信来拜访他。

何尔在信中赞美弗洛伊德道：

> 你的成就比现在任何一个精神分析家都要伟大！事实上，历史将要证明，你对我们的贡献和达尔文对生物学的贡献相比较，有过之而无不及。我以为，如果你对那些叛离你的门徒宽容一点儿，也不会损及你崇高的学术地位。
>
> 以我自己来说，你的工作一直是我过去15年来工作上的主要灵感源泉。它已经给予我对于精神生活上的崭新观念，你赐给我的，比任何人都要多。

弗洛伊德读这封信时，等待着他的是复杂的大手术。问题牵涉得很广，外科医生发现必须先在一个尸体上实验，然后才能决定是否进行手术。事实上，需要动两次手术。第一个比较小的手术准备在10月4日进行，一周后再进行大手术。首先，嘴唇和面颊必须割开很大的一个口子，然后将整个上颚和染病处右边的软肉割除。

第二个手术进行了7个小时，要经过局部麻醉和一些镇静作用。在10月底，弗洛伊德就已经回到了柏格街19号。

现在，弗洛伊德在康复中，他希望最坏的情形赶快过去，可是还不到两个星期，他的希望就破灭了。11 月 12 日，将先前割下的组织样品拿去化验的医生告诉他，疾病在继续恶化中。他们建议再动手术，弗洛伊德也同意了，于是就在当天下午开刀。

这次手术看来很顺利，12 月底以前，弗洛伊德回到家里，显然身体在复原中。直至 13 年后，恶性的细胞才再度被发现。但是弗洛伊德的灾难却持续不断。他将会经历 30 多次的手术，以除去慢性发炎的地方和病变前的癌细胞组织。

带病坚持理论研究

得知自己得了口腔癌以后，弗洛伊德感到生命是如此宝贵却又如此痛苦。于是他对生命更加珍爱，对时间也是更加珍惜。

1924 年，有人建议弗洛伊德说，精神分析应该在银幕上呈现给大众，他的反应却是恐惧和轻视。他不仅仅是恐惧他穷其一生之力所研究的成果会为了投大众之所好而变成低级趣味，他更不相信精神分析的理论能在银幕上解释清楚。

不到 6 个月，弗洛伊德获悉，德国最大的电影公司环球影片公司去找亚伯拉罕和沙克斯，想要他们指导如何制作关于精神分析的纪录影片。

他们说得很明白，不论弗洛伊德或他的同事帮不帮忙，他们都决定拍这样的电影。

于是，一部叫作《灵魂的奥秘》的影片在 1926 年年初发行，漠斯 · 沙克斯为看过电影的观众写了一篇论文。当《灵魂的奥秘》在德国各地上映时，弗洛伊德更加直接地牵涉到一个早年就潜伏在精神分析上的问题——外行人执行精神分析的问题。这种新的治疗方法应该只准合格的医生来执行还是也容许外行人参加。

在 20 世纪初，这问题几乎没有被认真地考虑过，在美国，知识分子普遍存在的意见是，只有医生可以执行精神分析，而在奥匈帝国，可以同时接受医生和外行人执业。

其他的国家采取折中的办法，如伦敦的钟士、柏林的艾丁顿等人，他们相信可由外行人执业的原则，但觉得它的实施应该以某些限制来维护——特别是事先应该经过医生的推荐。

1925 年贝德洪堡的大会，允许 5 个欧洲学会和纽约精神分析学会加入国际训练委员会后，欧洲和美国之间看法的分歧，开始要正面冲突了。

1926 年，纽约州宣布外行人执行分析为非法，使一些弗洛伊德的助手大失所望。他们以外行人的身份来到美国，希望他们的服务受到鼓励，但发现事情恰恰相反。

1929 年在牛津召开的大会决议，诊断要和治疗分开，而且外行的分析师不能为病人提供意见，或直接替病人看病，除非那病人是由一个合格医药分析师介绍来的。

更多的讨论继续于 1932 年的德国威斯巴登、1934 年的瑞士卢塞尼及 1938 年的法国巴黎被提出。尽管双方都曾让步，但历次的大会都没有解决这个问题。到了第二次世界大战末期，死亡和相继移民外国，使欧洲的精神分析学会的人数锐减，实际掌握发言权的变成了美国人。

尽管弗洛伊德被疾病和死亡的阴影逐渐束缚，而且不断有叛离的门徒，但他坚守他这一辈子的工作信心。他继续提醒大众，相信精神分析能治愈各种神经病现象是不正确的。

早在 1922 年，他为《大英百科全书》所写的一篇长文中，就提出了这个警告。现在他说："只要有机体的因素仍然不能掌握，分析的许多地方就仍是在云里雾中。"几年后他的《可中止的与不可中止的分析》的文章，使他的编辑詹姆斯·史特齐承认："这篇文章给人的印象是，他对精神分析治疗的效果感到悲观。"

在弗洛伊德的研究重点改变得非常清晰可见之前，他历经了许多次兴趣的改变。他写道：

> 我的兴趣，经过了一辈子迂回于自然科学、医学和精神治疗以后，回到长久以前就使我着迷的文化问题上。我更清楚地发现，人类历史事件、人类本质和文化发展间的互动、原始经验的沉积以及自我、本我和超我三者间动态冲突的反映，精神分析就是在研究它们。

弗洛伊德新论文的第一篇是《幻觉的未来》，开始于1927年年初，完成于秋天，在11月出版。论文中认为宗教本身是幻觉，而他知道，他势必再一次受到攻击。

但是对他来说，这并不是新的经验，而且如果一个人在年轻时，就已经学会屹立于当代人的不同意见之上，在他年老时，他知道不久后就要凌越于别人之上，那么批评又能对他怎么样？

在那篇论文中，弗洛伊德主张，他并没有增加什么反对宗教的声势，而他的表达只是"在那些伟大的前人的批评上，加了一些心理学的基础"。

《幻觉的未来》中的观念绝不是新的，它受到弗洛伊德30年来所发现的精神分析理论的支持。而这篇论文所引起的反应正是意料中的。在纽约，犹太人牧师纳桑·克勒斯道出了一般人的观念。

他说："我们习惯于听了个人谈所有的主题，只因为他在某一方面做了一些令人注意的事。因为爱迪生知道电学，于是人们就要听他的神学意见；因为一个人在航空科学上有成就，就有人要求他谈宇宙万物的事。大家都赞美弗洛伊德这位精神分析家，但是我们没有理由也去尊敬他的宗教哲学！"

弗洛伊德总该有各种理由为《幻觉的未来》得到的反应而高兴，但是，他至少曾对一个访客表示出不曾接受赞美的心情。

他以前的一个病人林拉佛果很热心地读了那篇论文，并写信给弗洛伊德，弗洛伊德就邀请他一聚。林拉佛果写道：

> 话一进入正题，弗洛伊德就承认任何人的赞美都会带给创作者快乐。但是他接着在我的热心上浇冷水。他说："这是我最坏的一本书！它不是弗洛伊德的书。"
>
> 你们绝想象不到我的诧异，我当即埋怨他的说法！但他仍继续说下去："那是一本老头子写的书。"哎！那时我差点昏倒了。
>
> 他一字一句地加强语气道："此外，弗洛伊德现在已经死了！相信我，真正的弗洛伊德的确是一个伟人。我特别为你感到难过，因为你过去并不了解他。"

弗洛伊德的阴阳怪气可能和身体有关，他不断地有身体上的麻烦而且不停地挣扎。他的女儿安娜照顾他，他尽情地享受着和他的两个儿子恩斯特与奥利佛家人共聚的时光。

弗洛伊德把精神分析运用在传记的写作上，写了一篇《汤姆斯·威尔逊——第二十八任美国总统》的论文。论文中他说威尔逊受到一种“父亲情结”的影响，以致在事业中的许多关键时刻里摇摆不定。

事情的最高潮是他不能主宰巴黎和会，以及把“十四点原则”强加在不甘愿的欧洲各国上面。作为一种精神分析的研究，这本书是很有劝服力和娱乐性的，但是也引起了许多的争论。

1930年年初，弗洛伊德希望《威尔逊》这本书的出版，能使出版社窘困的经济情形复苏。但在1932年年初，出版的可能性仍然不大，他转向别的他认为有帮助的事情。那就是《新导论演讲词》，一共有5篇。

第1篇演讲梦的理论的修正，大部分是较早的材料；第2篇谈梦和神秘学，透露精神分析至少可以解决一些通常被认为是玄学的事情。接下去的3篇谈到“超心理学”，比任何在战时的演说都复杂，文中介绍许多新的观念，以及来自“自我与本我”及“潜意识”的材料。

遭到纳粹党的迫害

1926年，弗洛伊德70岁生日时，奥地利官方首次承认弗洛伊德的理论。奥地利广播系统发布了有关他的生平和工作的纪念演讲。

他对于这次庆祝活动百感交集，他写信给打算来维也纳为他祝寿的女婿哈伯斯塔特道：

> 你不必因为听说我已经老了，而且身体也不太健康而惊讶。目前我在疗养院接受心脏治疗，他们说那并不严重，但是需要做这种治疗。他们答应我这个月就可以出院，但是我知道，我身上大大小小的病，将不容易继续做艰难的工作了。

尽管弗洛伊德怀疑自己的健康情形，但是他在70岁大寿来临前那段日子里精神相当愉快。

他写信给撒母耳说道：

我已经继续开始做一些工作。我每天得花五六个小时来为病人治疗。学生们和病人们都假装不知道我的病。我偶尔写些论文，我作品的全集已经完成了第一卷。

现在我好像是一个名人，路经维也纳的作家和哲学家们都来看我，和我讨论。全世界的犹太人都以我为荣，把我和爱因斯坦相提并论。无论如何，我没有理由抱怨或恐惧地看着我自己的生命将结束。经过长期的穷困后，我现在能毫无困难地赚钱了。

弗洛伊德在格隆德西听到了自己获得歌德文学奖的消息。他对这项荣誉有着复杂的感情，那是诗人帕克伊特费了很大的劲，好不容易才说服歌德基金会通过提名的，奖金每年由德国的法兰克福市颁发。

弗洛伊德告诉帕克伊特说："我还没有被公开的荣誉宠坏，因此已习惯没有它们也过得下去。"

弗洛伊德对纳粹党的崛起，开始是出奇地沉默，当希特勒的胁迫将人们的噩梦变成现实后，他说了一句话："谁能预料什么会成功，什么会有结果呢?"

当局势越来越坏时，他的反应一半是充满哲学味道，一半是不相信。

事实上，有许多合理的原因使弗洛伊德应该为未来恐惧。至少从 1873 年的经济大危机开始，他就曾经体验到维也纳的反犹太人运动，而他也曾目睹了 1914 年德国的侵略。

在"团体心理学"中，他明白地显示出他深切了解乌合之众如何被野心家煽动利用。

但是，当别人警告他将有“焚书”事件发生时，他似乎仍然不太在意。

1933 年 5 月 10 日，40000 个柏林人兴高采烈地看 5000 名佩戴着纳粹党标志的学生在柏林歌剧院前焚烧 2000 本书，包括了爱因斯坦、汤姆斯曼、雷马克、兹伟克以及弗洛伊德的书。弗洛伊德的书最后被扔进火堆时，学生们大骂他的书会破坏人类的心灵。

弗洛伊德对一位朋友表示有种无奈的惋惜：“有幸我的书和大师的作品能够一同火葬。”又向另一个人表示自己应该庆幸不是活在中世纪，现在人类的文明意识大有进步了，不然被烧的不光是他的书，还会有他本人。

弗洛伊德不愿意把对他个人的威胁看得很严重，因此迟迟没有做任何逃避行动。1933 年春天起，朋友们相信希特勒一有机会，就会吞并奥地利，于是纷纷请他出国到他们那里去避难，建议他移居瑞士、法国、英国或美国，甚至西班牙籍的诗人波维达和一群同情他的作家邀请他到阿根廷。

对这些人的好意，他的回答都是一样的：“没有必要逃走，我不相信这里有任何的危险。”

弗洛伊德只有在 1934 年时，曾向兹伟克承认，最坏的事情可能会发生。不过他表示，自己将一直守在维也纳，除非希特勒的暴政真的来临。

1934 年 2 月，奥地利多佛斯首相镇压了一次社会党的政变，国家的政权移到右派以后，弗洛伊德开始怀疑他在奥地利的前途。但是如果他离开奥地利会被人认为是畏缩，是从战斗中撤退，只有在情况最严重时才能采取这个步骤。

他很不像一个接近80岁的病人，他认为他一旦离开奥地利，就不能行使原本的最大效能的影响力。

希特勒被国会授予无限的权力后不久，德国的精神分析师就面临了痛苦的问题。然后，德国吞噬了奥地利，占据了法国和荷兰、比利时、卢森堡，许多欧洲人也遭遇同样的问题——是移居而离开“第三帝国”的控制比较好呢？还是留下来，以一种与敌人合作的态度，屈服于纳粹党统治下的命运呢？真是让人左右为难！

除了弗洛伊德自身的危险外，对于“精神分析”来说，麻烦的第一个前兆是，希特勒被任命为总理后，德国政府禁止外国人担任任何医学会的高级行政人员。

希特勒在1933年获得政权以后不久，德国精神治疗学会便改组成为“精神治疗国际总医学会”。当时的会长克瑞舒曼辞职抗议，因为在新的政权下精神分析的实施将受纳粹党的控制。德国的精神分析学将从学术和专业范围沦为纳粹的工具。

新任命的德国空军部长的堂弟戈林教授实际控制了德国的精神分析学会。他通知所有精神分析协会的会员：希特勒的自传《我的奋斗》以后将是大家的信仰基础；同时清除犹太籍的会员，会员的所有活动以及研究方向将由纳粹党掌握。

这个时候，逃离德国的人渐渐增加，而弗洛伊德和他女儿安娜以及在伦敦忠贞不贰的钟士，开始为不再能够在“第三帝国”执业的精神分析师们找寻新的工作岗位。马克斯·艾丁顿和另外两位犹太难民，终于在巴勒斯坦创立精神分析学会。

弗洛伊德的一些同事渡过大西洋，并在未来的10年内把精神分析的主流从欧洲移到了北美洲。还有许多人希望在英国定居，而钟士不得不告诉他们，甚至于一些英国的精神分析师，都没有足够的生意，所以即使新来的人能说一口流利的英语，成为职业分析师的机会仍然很小。

当这些阴影扩大时，弗洛伊德既苦于精神分析在欧洲的前途，又苦于癌症的折磨。他的医生们借着手术和激光光线以及任何其他可以阻止癌症顽敌前进的武器，不懈怠地奋战着。

马克斯·舒尔是弗洛伊德的私人医生。更多的手术依次出现，舒尔医生不得不让他的病人清楚地知道，癌细胞的成长和发炎是由尼古丁引起的。

弗洛伊德从不怀疑死亡是生命的结局，但是对于畸形精神现象更广泛也更复杂的谜团更加的怀疑了。

这期间，他在给罗曼·罗兰的信里写道：

> 我不是一个完全的怀疑论者。我对一件事完全有把握，即使有些事情是我们现在不能了解的。

在20世纪30年代，弗洛伊德继续怀疑那些他仍然焦急地排除在精神分析主义之外的主题。此外，他自己一直在和口腔癌疾病战斗，这加强了他对世界尤其是精神分析前途的偏见。

弗洛伊德的态度，在1936年庆祝他80岁生日时表露无遗。窦史万首先读了一篇文章以后，弗洛伊德的反应是："我很高兴听到你美丽的辞藻、你的博学、你广泛的取材以及你不同意我的看法的技巧。真的，一个人可以容纳无休止的赞美。"

在伦敦，弗洛伊德被选为英国皇家学会的外国会员。他的名字被著名的天文学家何若德·杰佛瑞和精神病学家阿德林提出，而且还得到曾参加过1908年萨尔斯堡大会的威佛瑞·特络特的支持。

在维也纳，心理学机构的教师研习会不知道该如何庆祝弗洛伊德的生日。最后，有人建议他会欣赏从山里采撷的一束花，于是一个职员去收集了一大把黄色樱草花。他们派一个 17 岁的女孩子送给弗洛伊德。

出乎女孩子的意料，弗洛伊德请她进去坐，亲自谢谢她，而且强调他非常欣赏他们的盛情。

但是弗洛伊德知道，尽管他有着许多荣誉，他仍然是在逆水行舟。

这之后，弗洛伊德在给兹伟克的信中写道：

> 你知道吗？我的朋友，即使我的维也纳同事，也只是表面上对我恭维，背地里和我背弃。

在这封信中，他还说，教育部部长的确正式地恭贺他，但是教育部部长却又威胁奥地利的报纸，如果他们报道这条消息，报社就要被查封。

1936 年年底，弗洛伊德必须经历另一次他称为“普通的”手术，而这次却引起不平常的剧痛。他在给兹伟克的信中写道：

> 因为这场手术，我必须取消我的工作 12 天，我痛苦地躺下，热水瓶放在沙发椅上，什么也干不了……
>
> 哎呀！真的是太痛苦了！

但是，在弗洛伊德写完信后不久，当新年开始以后，他又恢复了工作。

1938年2月，他在写给艾丁顿的信上，仍然对政治情况抱着乐观的态度。

他在信中写道：

> 虽然看德国最新的事件，没有人能知道他们的企图如何。
>
> 但是我们勇敢而诚实的政府，目前更生龙活虎地捍卫我们，抵抗纳粹党。

逃离纳粹党的魔掌

1938 年 3 月 9 日，奥地利首相舒史克尼格宣布，奥地利政府要在 1938 年 3 月 12 日举行公民投票，看看人民是否愿意维持独立。

1938 年 3 月 11 日，舒史克尼格服从希特勒的命令，取消公民投票。但是这还不够，中午他被迫辞职。

弗洛伊德一听到这个消息，就吩咐女佣去买一份报纸。他儿子马丁后来回忆说道："爸爸轻轻地从波拉手中接过报纸，看了每个标题，然后用手把报纸揉成一团，扔在屋子的一个角落里。"

在他的日记上写道："奥地利完蛋了！"

取代舒史克尼格的是一个奥地利的纳粹党人西史英夸特，他的第一个举动是开门让德军进入奥地利。事实上，德国人早就开始进发了。黄昏，先头的坦克车隆隆地驶进维也纳的街道。在许多地方，民众快乐地欢迎德军，许多年以前担任维也纳市长的卡尔卢吉是一个反犹太的家伙，他在背后鼓动人民欢迎德军。

奥地利位于欧洲的正中位置，她又被称为欧洲的心脏和连接西东的十字路口。战略位置非常重要，纳粹党对此非常了解。

1938 年 3 月 12 日早上，希特勒亲自到奥地利，显然是基于一时的冲动，决定不设立傀儡政府，而把奥地利并入德国的版图。

如果不是有两个相辅相成的单位帮助，弗洛伊德获救的机会就很小。

在美国，有罗斯福总统的干预及国务卿柯德尔·胡尔的关注，再加上驻巴黎的威廉·布利特挺身相助，给予弗洛伊德一种个人的保护，最后终于迫使德国人让他离开奥地利。

在英国，钟士与掌玺大臣德拉提及内政部长撒母耳的友谊，为弗洛伊德全家在英国居留的许可铺了一条路。

钟士有效地运用许多人事关系后，于 1938 年 3 月 15 日飞到奥地利。在他到达维也纳以前，英国外交部已经通知在维也纳的英国大使："钟士博士非常为弗洛伊德博士的前途担忧。如果他有求于你，希望你鼎力相助，掌玺大臣将会很感激你。"

到维也纳后，钟士首先到精神分析出版社的办公室去。弗洛伊德的儿子马丁在那里被捕，办公室正被德国人翻箱倒柜地搜查，显然，出版社不会因为它的国际性特质而逃过灾难。

钟士又赶去柏格街 19 号，在那里得知，美国人不但机警地知道弗洛伊德的危险，而且已经开始运用所谓"友谊的利害关系"。

利害关系手段的运用，开始于那天稍早。美国驻维也纳的总领事威利打电报给国务卿柯德尔·胡尔，要他转达布利特道："我恐怕德国人不会放过年老带病的弗洛伊德。"胡尔不但立即把消息传给布利特，而且向罗斯福总统报告。总统用他私人的通信网指示胡尔，传令给美国驻柏林的大使威尔逊。

威尔逊还没有回答以前，威利已经向胡尔报告，维也纳的新掌权者已经注意弗洛伊德了。他说："他的屋子被搜查，金钱和护照已被没收。在搜查时，我们公使馆的两位官员出现，表示‘友善的关切’。从那时开始，弗洛伊德才没有受到骚扰。维也纳的警察总长答应保护他。法国使馆相关负责人也慷慨表示：如果弗洛伊德得到出境许可，法国政府就给他签证。”

事实上，弗洛伊德家老早就被特务人员列为注意的重点之一，他们进入公寓，在门口安置了一个守卫。据钟士说，玛莎的反应是请守卫坐下，因为她不喜欢见到人们站在她家门口。然后她又把她所有的家用钱放在桌上叫他们随便拿，使这些不速之客感到难堪。

安娜领官员到另一个房间，从保险箱内拿出大约 6000 个奥地利先令。

此刻，房门被推开，弗洛伊德进来了，他一句话也没有说，只是瞪着眼睛看着他们。那些人显然很不安，迅速地走了，但是提出了警告，说他们以后还会再来。

1938 年 3 月 17 日，在柏林的美国大使向罗斯福总统报告他遵循指示办理的经过。

但是弗洛伊德仍未作出希望离开维也纳的表示，他泰然自若，呈现出一种新的自信，好像他又回到战斗一样，这使钟士的说服工作显得极为困难。

弗洛伊德推托地说他不希望在法国定居，于是钟士说他会想办法使英国接纳弗洛伊德。

最后弗洛伊德终于提出问题的症结：离开祖国，就好像一个战士抛弃他的岗位。

钟士反驳说：不是弗洛伊德离开奥地利，而是奥地利抛弃了他。他终于恍然大悟，同意离开维也纳。

钟士回到伦敦后，弗洛伊德居留在英国的问题终于顺利解决了。他和掌玺大臣及撒母耳的交情都派上用场。

至1938年4月中旬，似乎只有一个难题要克服。威利通知柯德尔·胡尔说："弗洛伊德离境的事因为他的出版社破产而暂时不能发给签证。希腊的公主在这里极力为弗洛伊德奔走。她可能会承购出版社。弗洛伊德打算在英国定居。"

所谓"破产"，显然是在弗洛伊德领到离境许可证以前，向他敲诈最多金钱的方法，因为德国精神分析学会已经接收了国际精神分析协会和出版社的财产。

1938年5月初，以金钱交换离境许可证的问题仍然呈焦灼状态，在柏林的威尔逊通知柯德尔·胡尔道："到维也纳的美国大使馆官员总会询问弗洛伊德的案子。处理这件事的盖世太保总是会说：'警察当局并没有再反对弗洛伊德的出境，所有的公文已经准备就绪了！'"

他又说："但是弗洛伊德的离去之所以搁延，是因为他大约欠他的出版者32000先令，现在弗洛伊德正和债权人商量解决的办法。"

他继续推论："弗洛伊德有足够的钱去偿付债权人，但是他们还没有谈妥价钱，只要这项交易完成，弗洛伊德就可以自由地离境。"

最后，这笔敲诈的款项是由希腊公主玛丽·波娜帕特捐出来的。

1938年5月5日，弗洛伊德的小姨明娜被允许离开维也纳前往英国。一周后，弗洛伊德写信给在英国的儿子恩斯特说："在这悲哀的时候，有两个希望支持我继续前进：一是和你们重逢，另外是自由而死。有时候，我把自己和《旧约圣经》中的老雅各相比，他年纪那么大了，还被他的儿子们带到埃及去。”

10天以后，弗洛伊德的大女儿玛西黛和她的丈夫获准离开，而弗洛伊德还得留下一个星期。最后，一切必需的文件都备齐了，盖世太保装腔作势地带给弗洛伊德一份公文要求他签名。

公文上写道：

政府公平合理地对待弗洛伊德。

弗洛伊德在这份公文上签完字，然后说了一句挖苦的话：“我可以满心欢喜，快乐地将‘盖世太保’推荐给任何人了。”

1938年6月1日，万事俱备。6月2日，弗洛伊德收到奥地利当局给他及他妻子和小女儿的最后解放令。第二天，弗洛伊德离开几乎80年来一直是他家乡的维也纳，首先搭乘“远东号快车”到巴黎，同行者有玛莎、安娜、两个女佣和一位医生。

那天晚上，他们离开巴黎，搭乘晚上的渡轮到英国。在伦敦，恩斯特已经为他的父亲安排好了住处。钟士也已经做好他的预备工作。德拉瓦伯爵也已经安排好给予弗洛伊德一行人以外交人员的礼遇，因此他们在伦敦和多佛都没有遭到行李检查和其他的例行手续。钟士甚至成功地避开了许多不可避免的新闻界的注意，用他自己的汽车接走了弗洛伊德夫妇，在记者闻风赶来以前他们已经躲避开了。

弗洛伊德还有一年多可活，对他这么一个80多岁、疾病缠身的老头儿来说，日子显得非常艰难。在那几个月里，至少有一部分肉体上的痛苦被他在英国受到的热烈欢迎抵消了。欢迎他的人，不仅仅是一般的人士，更有承认他的正式医学界人士和犹太人团体。

1938 年，玛莎在写给仍在维也纳的弗洛伊德家的姐妹们的信中称：

> 每天我们都收到许多欢迎他的信。虽然我们来到这里才不到两个星期，但即使信件上不注明街道地址，只写“伦敦，弗洛伊德”也照常能寄得到。想想看，伦敦市有 1000 万居民，这不是很奇怪吗？

没有安娜的帮忙，弗洛伊德真不知该怎样去应付如潮水般涌进家来的信件。有些信是朋友们写来的，另外有许多则来自完全陌生的人，他们只是希望问候他或索取签名。当然，也有些是弗洛伊德所谓的“古怪的人、傻瓜、信教着迷的人”写来的信，他们从《圣经》上抄录下些许救恩的句子，想要劝弗洛伊德相信以色列人的命运将得以挽救。

1938 年 6 月 23 日，来了一群使他特别高兴的访客。他们是英国皇家学会的秘书们，带来学会的会员录，请他签名。

弗洛伊德无法亲自到学会的总部，会员录送到他面前的这项荣誉在过去只有英国国王才能享有。他告诉齐威格说：“他们留下一册复制本给我。如果你来这里，我可以将牛顿和达尔文的签名指给你看。”

1938 年 7 月，弗洛伊德又开始工作了。他现在所做的是“归纳精神分析的教义，而且以最精简的形式和最不含糊的字句来叙述它们。它的用意自然不是强迫别人相信或是引起盲从。”

此外，在美国和英国，精神分析正要被广泛地应用，那是弗洛伊德始料不及的。其中的一个原因是几个月以后就要爆发的第二次世界大战。大多数的交战国都聘用精神分析专家，为他们自己的心理战运动提出建议，也分析敌人的心理战。

弗洛伊德的学生恩斯特·克里斯就要在英国组织一个特别的政府机构，分析德国人的广播，后来在美国也这么做。战争一开始，使用精神分析专家治疗战争伤患的范围，要比第一次世界大战广泛得多。

弗洛伊德安下心来写《精神分析大纲》。他重复各种基本的理论，以“自我”、“本我”和“超我”的结构来叙述，而且在许多地方暗示他有新观念要详细地阐述。不幸的是，他永远无法实现了！

1938 年 9 月底，弗洛伊德搬到位于马斯斐德花园的一幢宽广的老宅中。这时候，他的家具和私人收藏物已经从维也纳运到了。因此，安娜和女佣能在楼下的一间屋子里，“重建”弗洛伊德在维也纳的书房。

她们把家具放在同样的位置，把同样的雕像和画放在桌子上，这使弗洛伊德备感亲切。

这是弗洛伊德最后的家。弗洛伊德自己只在这里消磨了最后的 10 多个月，他的妻子和小姨继续住在这里，分别于 1941 年和 1951 年去世。

这个时候，弗洛伊德大多数的近亲都安全了——大女儿玛西黛和她丈夫以及马丁和恩斯特两家人都在英国，奥利佛一家人在法国。而弗洛伊德的另一个女婿哈伯斯塔特带着他的儿子于一年多前从汉堡移民到南非；他的弟弟亚历山大不久就到了加拿大，并在那里终其一生。

但是有一个阴影一直笼罩着弗洛伊德，他为“4 个年纪都在 75

岁至80岁之间的老女人”忧虑——他的4个仍住在奥地利的妹妹。在离开维也纳以前，弗洛伊德和亚历山大给了她们16万先令（以当时的汇率，大约相当于32000美元或8000英镑），除非钱被德国人没收，否则足够她们用上好一阵子。

无论如何，他曾设法接她们去法国，但是没有成功。弗洛伊德死前不知道，他4个高龄的妹妹已被纳粹党驱逐出维也纳，而且都死在了集中营里。

到了1938年秋天，弗洛伊德的精力已经所剩不多。他把它花费在他最后一篇震撼人心的论文的写作上，那就是《摩西与神教》等3篇论文和几年前写的序文。

早在1909年，弗洛伊德告诉荣格，他注定要去开拓精神病学的应许之地“约书亚”。而弗洛伊德本人就像摩西一样只能远远地观望。

在奥地利作家舒尼兹勒写信庆贺弗洛伊德70岁生日以后，弗洛伊德在回信中写道：

> 在感情上，犹太人的归属仍然对我非常重要。
>
> 我永远对我的种族有血浓于水的感情，我也如此教导我的儿女们……

但是，希特勒掌握政权以后，犹太人是“人类中最另类和邪恶的民族”的理论甚嚣尘上，弗洛伊德开始疑惑：“什么是真正构成犹太民族的本质？它在历史上如何发展？为什么犹太人经常受人压迫？”

据《圣经》中记载，由于移居到埃及的犹太人劳动勤奋，并且以擅长贸易著称，所以积攒了许多财富。这引起了执政者的不满。

另外加之执政者对于以色列人的恐惧，所以法老下令杀死新出生的犹太男孩。摩西出生后其母亲为保其性命“就取了一个蒲草箱，抹上石漆和石油，将孩子放在里头，把箱子搁在河边的芦荻中。”

后来被来洗澡的埃及公主发现，带回了宫中。摩西长大后一次失手杀死了一名殴打犹太人的士兵，为了躲避法老的追杀，摩西来到了米甸并娶祭司的女儿西坡拉为妻，生有一子。

摩西一日受到了神的感召，回到埃及，并带领居住在埃及的犹太人，离开那里返回故乡。在回乡的路上，摩西得到了神所颁布的《十诫》，即《摩西十诫》。摩西最享盛名时期很可能是公元前13世纪，因为普遍认为“出埃及记”中的法老拉美西斯二世就死于公元前1237年。因为他的名字来自埃及语而不是希伯来语，意思是“儿童”或“儿子”，从他出世不到500年中，摩西为所有的犹太人所敬仰。

至公元后500年，他的名气和声望同基督教一道传遍欧洲许多地区。100年以后，穆罕默德认为摩西是真正的先知。随着伊斯兰教的传播，摩西在整个伊斯兰世界里成了受人敬仰的人物。

摩西在他死后3000多年的今天，仍同样受到犹太教徒、基督教徒的尊敬，甚至还受到许多无神论者的尊敬。

《摩西与神教》在1939年3月初，分别在荷兰和德国出版。

工作到生命的终结

1938年1月中旬，另一个肿瘤在弗洛伊德的口腔深处被发现。舒尔医生在病历里写道：

> 起先，它看起来像另一个骨疽，但是不久以后，这个组织被破坏的情形显得异常严重。

医生们对弗洛伊德病情发展的严重程度各有分歧，谁也不敢保证能够控制住它。

1939年2月，弗洛伊德的口腔癌已经恶化到无可挽救的地步。英国医学界尽全力给予医治，并邀请巴黎“居里研究院”的放射线专家们用放射性物质进行治疗，但已经无济于事。

弗洛伊德发现自己的大限将至，他更加急切地期望能在自己去世前出版《摩西与神教》的英文版。钟士夫人正夜以继日地赶译这本书。一番努力之下，1939年3月，该书英文版终于出版了。

弗洛伊德还剩下6个月左右的时间。他坚强地面对命运，拒绝服用可以减轻疼痛的药物，直至死前的几个星期，他还在为几个病人进行精神分析。

1939 年 4 月里，舒尔医生必须离开英国，到美国办理移民手续。

这时候，弗洛伊德已经不能照顾自己了。他写信告诉希腊公主波娜帕特道：

我很希望能有方法缩短这个残酷的过程。

但是他仍拒绝放弃，两个月后在写给威尔斯一封信中还乐观地描述他的远景，并提议再来一次茶会。

但是，舒尔医生 1939 年 7 月回到英国时，发现他的病人的身体更衰弱。更糟糕的是，精神上也已冷漠木讷。

弗洛伊德现在一直住在底层的房间里，外面就是花园。太太玛莎仍然和往常一样，以全副精神将家务治理得井井有条；安娜现在则昼夜不停地服侍在床头。

1939 年 8 月，弗洛伊德的病情迅速恶化，致使他难以进食。他最后阅读的一本书，是巴尔扎克的《驴皮记》。

弗洛伊德开玩笑似的对自己的妻子说："这本书正好适合于我，它所谈的就是饥饿。"

9 月 19 日，钟士探望奄奄一息的弗洛伊德。此时，弗洛伊德的下颚已经全部烂掉，他痛苦万分。

弗洛伊德一动不动地躺在床上，钟士叫了一声他的名字，弗洛伊德睁开了眼睛，认出是钟士。

他伸出手，握了握钟士的手，然后以很庄重的手势向钟士表示告别和致意。

9月21日，躺在床上的弗洛伊德对他的医生舒尔说：“亲爱的舒尔，你还记得我们的第一次谈话吧！你答应过我，如果我不能坚持活下去的话，你将尽力帮忙。现在我万分痛苦，这样继续下去是毫无意义的。”

显然，肉体的痛苦已使弗洛伊德无法忍受，他宁愿选择安详地死去。

舒尔很理解病人的心情，紧紧地握了握弗洛伊德的手，答应采取措施减轻他的痛苦。

弗洛伊德很感激，接着，对他说：“嗯，请把我的想法告诉给安娜，让大家心安……”

9月22日，舒尔给弗洛伊德注射了吗啡，弗洛伊德入睡了。

9月23日午夜，弗洛伊德的心脏停止了跳动。他的眼睛疲倦了，累了，闭上了……

弗洛伊德的漫长的、充满着斗争的一生结束了，一个伟人逝世了，但他的思想和精神遗产却留给了世界。

9月26日，弗洛伊德的遗体在伦敦哥尔德草地火葬场火化。许许多多的吊唁者参加了火化仪式，钟士致悼词，斯蒂凡·茨威格同时也在德国发表悼文。

1940年，为了纪念弗洛伊德，《弗洛伊德全集》第十八卷伦敦版开始出版发行。这一版本的《弗洛伊德全集》直至1952年才出齐。接着，自1953年起，由詹姆士·斯特拉奇等人主编的24卷本《弗洛伊德全集》陆续出版。

附：年　谱

1856 年 5 月 6 日生于捷克的摩拉维亚洲弗莱堡。

1867 年 11 岁，因受《动物生命史》的影响，开始对自然科学产生兴趣。

1872 年 16 岁，重游诞生地弗莱堡。

1873 年 17 岁，以优异的成绩毕业于施帕尔中学。秋考进维也纳大学医学院。

1875 年 19 岁，赴英国旅行，回维也纳后立志攻读医学。

1877 年 21 岁，3 月，发表鳗鱼生殖腺的形态与构造的论文。进入艾内斯特·布吕克生理实验室工作。

1878 年 22 岁研究八目鳗幼鱼苗的脊髓。

1879 年 23 岁研究淡水蟹的神经系统。

1880 年 24 岁受维也纳大学历史系教授冈柏的委托，把英国哲学家、经济学家约翰·斯图亚特密尔的著作译成德文。

1881 年 25 岁获得医学学位。

1882 年 26 岁，4 月，与妹妹的朋友玛莎·柏纳斯邂逅，6 月中旬订婚。

7月，进维也纳总医院工作。

1883年27岁，5月，进梅涅特负责的精神病科工作。

1884年28岁1月，进神经科。

7月，发表有关可卡因的论文。

1885年29岁，夏天离开维也纳总医院。

9月，被任命为维也纳大学讲师。

10月，得到一笔奖学金后前往巴黎，师从法国神经学家沙考特。

1886年30岁，2月，自巴黎返国，途径柏林，去巴金斯基的诊所，了解儿童精神疾病方面的情况。

4月，在维也纳开业行医。

5月，向“医学协会”汇报在沙考特那儿的所见所闻。

9月，与玛莎结婚。

1887年31岁，11月，结识柏林医生弗莱斯，结为好友。

1889年33岁，夏天，前往法国南锡，进一步了解催眠法。

10月，长女玛西黛诞生。

1891年35岁，出版《论失语症》。次子奥利佛诞生。

1892年36岁，三子恩斯特诞生。

1893年37岁，次女苏菲诞生。和布洛尔合作发表初论《癔症症状的心理机制》。

1894年38岁，开始与布洛尔意见不合。

1895年39岁，小女安娜诞生。与布洛尔合写的《歇斯底里症的研究》出版。

7月24日，对自己的梦境作了首次的分析。

1896 年 40 岁，与布洛尔彻底决裂。

10 月 13 日，父亲去世。

1897 年 41 岁，开始对自己进行精神分析。

1898 年 42 岁，发表有关幼儿性欲的理论。

1900 年 44 岁，《梦的解析》问世。

1902 年 46 岁，被维也纳大学特聘为教授。

与阿尔弗雷德 · 阿德勒等四青年创办“周三学会”。

1903 年 47 岁，与患难时的好友弗莱斯交恶。

1904 年 48 岁，出版《日常生活中的心理病理学》。

1905 年 49 岁，出版《玩笑及其与无意识的关系》，《杜拉的分析》和《性学三论》。

1906 年 50 岁，与弗莱斯断绝关系。开始与荣格通信联系。

1907 年 51 岁，演讲《创造性作家与昼梦》。与荣格会面。写《强迫观念活动与宗教仪式》。

1908 年 52 岁，4 月 27 日，第一届“国际精神分析大会”在萨尔斯堡召开。

1909 年 53 岁，9 月，应美国马萨诸塞州伍斯特市克拉克大学校长霍尔的邀请，与荣格等前去参加该校 20 周年校庆活动，并作了精神分析学方面的系列演讲。自此，精神分析学在美国开始产生影响。

1910 年 54 岁，3 月，在纽伦堡召开第二届“国际精神分析大会”，会上成立了“国际精神分析协会”，弗洛伊德安排荣格任首任主席。写《列奥纳多 · 达 · 芬奇和他对童年时代的一次回忆》。

1911 年 55 岁，在威玛召开第三届国际精神分析学大会。同年秋，与阿德勒决裂。

1913 年 57 岁，在慕尼黑召开第四届国际精神分析大会。《图腾与禁忌》出版。

1914 年 58 岁，荣格退出精神分析协会。发表《精神分析运动史》和《米开朗琪罗的摩西》。

1915 年 59 岁，4 月，发表《对战争与死亡时期的思考》等论文。

在维也纳大学开讲《精神分析引论》，提出“心理玄学”的设想。

1916 年 60 岁，《精神分析引论》出版。

1918 年 62 岁，在布达佩斯召开第五届国际精神分析学大会。

1919 年 63 岁，在维也纳创办“国际精神分析出版公司”。

1920 年 64 岁，在海牙召开第六届国际精神分析学大会。著《超越快乐原则》。

1922 年 66 岁，在柏林召开第七届国际精神分析学大会。

1923 年 67 岁，4 月，上颚发现肿瘤，做首次手术。发表《自我与伊德》，提出新的人格理论。

1924 年 68 岁，在萨尔斯堡召开第八届国际精神分析学大会。

1925 年 69 岁，撰写《自传》。在贝德洪堡召开第八届国际精神分析学大会。

1927 年 71 岁，出版《幻觉的未来》。在因斯布鲁克召开第十届国际精神分析学大会。

1929 年 73 岁，德国著名作家托马斯·曼发表《弗洛伊德与未来》的演讲，认为弗洛伊德是现代思想史上最重要的伟人之一。《文明及其缺憾》出版。在牛津召开第十一届国际精神分析学大会。

1930 年 74 岁，荣获歌德文学奖，因健康等原因，由女儿安娜·弗洛伊德前往法兰克福参加授奖仪式。

1932 年 76 岁，著《精神分析引论新编》。在威斯巴顿召开第十二届国际精神分析学大会。

1933 年 77 岁，希特勒掌权，有关精神分析的书刊被禁。

1934 年 78 岁，在卢塞恩召开第十三届国际精神分析学大会。从这次大会开始，弗洛伊德因病情严重，已无法亲自参加。

1935 年 79 岁，当选为英国皇家学会通讯会员。

1936 年 80 岁，纳粹分子冻结“国际精神分析出版公司”财产。

1938 年 82 岁，3 月，纳粹入侵奥地利，“国际精神分析出版公司”财产被全部查封。

6 月，在欧内斯特·琼斯等人帮助下克服重重障碍，离开维也纳前往英国伦敦。

9 月，接受最后一次手术治疗。

1939 年 83 岁，3 月，《摩西与神教》出版。

9 月 23 日，在英国伦敦去世。